OUVRIR UN GÎTE OU UNE CHAMBRE D'HÔTE

Christelle CAPO-CHICHI

Ce guide doit beaucoup aux propriétaires de gîtes et de chambres d'hôte qui ont eu la patience de me consacrer du temps et de me confier leur parcours. Je remercie donc très chaleureusement
Karine Caillat,
Monique et Paul-André Glorieux,
Catherine Lambert et Maxence Degouy,
Michèle Leboth et Pascal Béranger,
Marguerite et Emmanuel Melet,
Marie-Louise et Michel Pustoc'h,
Hélène et Albert Robo pour leur accueil,
leur gentillesse et leur disponibilité.

SOMMAIRE

ANNEXES 203

Introduction

Salarié ou indépendant en quête d'un nouveau projet professionnel ? Retraité plein d'énergie cherchant à compléter ses revenus ? Passionné de cuisine ou de décoration souhaitant partager ses créations ?
Les portraits et parcours des créateurs de gîtes et de maisons d'hôte sont multiples.
Cependant, tous ont le plus souvent en commun, le plaisir d'accueillir, de créer des occasions de rencontres, une ouverture à l'autre et un goût certain pour les échanges.
À ces propriétaires d'hébergements, répond une clientèle demandeuse de propositions différentes de l'hôtellerie classique, du camping ou des villages de vacances.
À la campagne, tout autant que sur le littoral ou, de plus en plus, en ville, le choix de s'installer « chez l'habitant » permet de découvrir et de partager un mode de vie différent du sien. Plus qu'un simple lieu, il s'agit de découvrir une région par le regard de ceux qui y vivent, d'accéder à leurs coups de cœur, leurs bonnes adresses. Pour qui fait ce choix, le séjour n'est plus seulement un déplacement géographique, mais un véritable « pas de côté » par rapport à son propre quotidien.

Accueillir chez soi ou dans un gîte que l'on ouvre à l'autre, c'est donc bien faire le choix d'une activité où l'idée de proposer un certain art de vivre sera prépondérante.
Un objectif qui a de quoi séduire et susciter bien des vocations. Néanmoins, il importe de rester lucide.
D'une part, parce que pour une adresse de maison d'hôte ou de gîte créée, il n'est pas rare d'en compter deux qui ferment dans le même temps. Après les précurseurs des années 1950 à 1970, une nouvelle vague dans les années 2000, un repli du nombre de créations par année est à l'œuvre depuis le milieu des années 2010. Outre des départs en retraite, des rentrées financières parfois insuffisantes, des problèmes de santé ou des difficultés à concilier l'accueil et une autre activité peuvent expliquer ces cessations d'activité. Accueillir chez soi n'a rien de simple, surtout sur le long terme.
Il faut d'autre part tenir compte de la forte perméabilité du secteur du tourisme aux événements douloureux, tragiques et imprévisible de l'actualité.
Après une période de repli des années 2015 et 2016 due aux différents attentats, la France a connu de 2017 à 2019 une période d'embellie avec le retour de touristes étrangers qui l'avaient

momentanément délaissée. Embellie qui lui permit alors de retrouver son rang de première destination touristique mondiale. C'était bien sûr sans compter la pandémie de Covid-19.
Tout simplement inimaginable aux premiers jours de 2020, inédite et d'une extrême violence, cette pandémie a brutalement frappé l'économie générale et touristique en particulier, nationale autant que mondiale. Confinements successifs, déplacements restreints, frontières infranchissables, fermetures des lieux culturels, annulations d'événements culturels, sportifs, festifs… Impossible à ce jour d'évaluer les conséquences et transformations que la pandémie entraînera sur le secteur du tourisme. Difficile dans ces conditions de dresser un tableau à long terme de l'évolution de la situation de l'hébergement touristique en France.
Une fois posé ce bref et nécessaire rappel d'un contexte en fort bouleversement, où la part d'incertitude s'accroît, il n'en reste pas moins qu'un projet de création d'activité, de changement de vie peut-être, conserve tout son attrait. Et surtout, dès lors qu'il est mûrement réfléchi en tenant compte de l'environnement et de ses possibles aléas, toute sa légitimité.
Aussi, ce guide a-t-il pour objet de vous accompagner dans votre réflexion, votre démarche et vos premiers pas dans la conception puis la mise en œuvre de votre activité d'hébergement.

Une activité d'appoint

Concevoir les premières bases du projet ; choisir sa région d'implantation puis sa future habitation en prenant en compte sa situation familiale, concevoir une offre cohérente avec ses capacités personnelles et l'environnement direct, mener des travaux, souvent très importants, se repérer dans les formalités à accomplir et les bons interlocuteurs, acquérir des compétences complémentaires, réfléchir en chef d'entreprise, effectuer sa propre comptabilité, s'organiser au quotidien… Ce guide a pour objectif de vous aider à y voir plus clair. Et surtout, de vous faire prendre conscience de la précarité et du caractère secondaire d'une activité qui, dans la plupart des cas, ne permettra que de se constituer un revenu complémentaire. Il n'est d'ailleurs pas anodin que la diminution du nombre de chambres d'hôte et de gîtes que l'on observe depuis quelques années soit contemporaine de l'apparition des plateformes de locations et échange de logement entre particuliers, notamment Airbnb. Simples, faciles à mettre en place, réactives, peu onéreuses, ces nouvelles offres d'hébergement ont très rapidement gagné en parts de marché, suscitant ainsi la colère de nombreux professionnels du tourisme… mais également celle des pouvoirs publics, qui voient d'un très mauvais œil l'expansion de ces formes de locations difficilement contrôlables... et qui font concurrence aux structures classiques d'hébergement. Pour limiter leur expansion et mieux les contrôler, le législateur leur a imposé de mieux informer les propriétaires en matière d'obligations de déclaration des revenus perçus. Une carte prépayée spécifique développée par Airbnb (et source possible de fraude) a été interdite. Les villes de plus de 200 000 habitants peuvent obliger les propriétaires de meublés à se faire enregistrer en mairie et à demander une autorisation de changement d'usage, même dans le cas où le meublé constitue la résidence principale. En version encore plus simple, citons également la vogue du *couchsurfing* qui offre la simple location, souvent gratuite, d'un lit ou même d'un canapé, pour des locataires de passage, le plus souvent pour une seule nuit. On le voit, Internet a aussi révolutionné la notion d'hébergement touristique chez l'habitant et nous n'avons encore certainement pas tout vu des possibilités offertes par « l'accueil numérique ». Quels sont alors les avantages d'un gîte ou d'une chambre d'hôte « traditionnels » par rapport à ces nouvelles formes d'accueil ? Eh bien peut-être leur côté plus si « traditionnel » que cela, justement. Présents sur les réseaux sociaux, faisant partie de labels expérimentés, les meublés et chambres d'hôte bénéficient surtout d'un accompagnement de la part de structures (organisme de classement, collectivités, agences de développement touristique) qui les aident à s'insérer, à prendre leur place dans leur environnement territorial et à travailler leur visibilité et leur accessibilité. Indépendants mais ni solitaires, ni isolés, les propriétaires de ces hébergements peuvent alors devenir un peu plus que de simples « hébergeurs » et développer une offre de services touristiques qui leur correspond. De plus, la notion d'accueil direct, de rencontre avec les clients, reste prépondérante en chambre d'hôte et gîte. À l'inverse, il est possible aux propriétaires adoptant la formule Airbnb de ne pas être sur place au moment de l'entrée des locataires, les transactions étant réglées par voie numérique.

Si la création d'un gîte ou d'une chambre d'hôte reste une entreprise de longue haleine, il correspond à un choix de vie où cette activité occupera une place prépondérante. S'il s'agit encore bien souvent de sauvegarder un patrimoine immobilier, de financer des travaux et aménagements, la fierté de partager sa maison, le plaisir de l'échange et des rencontres, de se montrer créatif dans sa façon d'animer son lieu de vie, sont aussi de profondes et enthousiasmantes motivations.

Le tourisme contemporain en France : quelques chiffres clés

Encore une fois, en raison du contexte particulier de 2020-2021 il est désormais très difficile de dresser un état des lieux lisible et fiable à long terme du tourisme contemporain en France. La pérennité de nombreux établissements d'hébergement, de restauration, des sites et de manifestations touristiques étant en question.
Aussi, après un survol des premiers enseignements de l'année 2020, en reviendrons-nous aux chiffres de l'avant-pandémie et des ordres de grandeur qu'ils offraient alors sur l'environnement du secteur national du tourisme.

2020, année tragique et singulière
Première destination touristique mondiale devant les États-Unis et l'Espagne, la France accueillait en 2018 plus de 89 millions de touristes. Confirmant ainsi une forte reprise après le repli des années 2015 et 2016.
Une dynamique à partir de laquelle les pouvoirs publics tablaient raisonnablement sur des chiffres atteignant 100 millions de visiteurs pour l'année 2020. On sait ce qu'il en fût… Entre autres chiffres, le tourisme international a généré moitié moins de recettes en 2020 qu'en 2019 (28,6 milliards d'euros contre 57 milliards d'euros).
Cependant dans un pays déserté par la clientèle étrangère, les Français ont été au rendez-vous de la saison estivale 2020. À la sortie du premier confinement, plus de la moitié d'entre eux sont partis en vacances entre juillet et août. Et, à une écrasante majorité (94 %), sont restés en France au lieu de franchir les frontières. À ce marché intérieur s'est ajouté une clientèle étrangère de proximité, essentiellement belge, suisse, allemande et néerlandaise. De ce fait, le mois d'août, cumulant les deux clientèles, a même connu un solde positif par rapport à août 2019 (+36 %). Brève éclaircie, cependant, tous les autres mois de l'année (entre mars et décembre) ayant observé un solde très négatif.

Est-ce la volonté de fuir des villes devenues symboles d'assignation à résidence avec le confinement ? Durant cet été 2020, à l'exception notable de Marseille, les grandes villes, Paris et Bordeaux notamment, ont souffert d'une véritable désaffection. De même que la Corse, et les Outres-mers. En revanche, les littoraux (+ 14 %), hormis ceux de Provence-Alpes-Côte-d'Azur et de Corse, ont été des destinations privilégiées par des touriste français en quête d'espace et d'activités de plein air. De même que la montagne (+21 %) et les espaces ruraux. Et, concernant plus spécifiquement les hébergements, les gîtes, les chambres d'hôtes ont bénéficié d'une dynamique favorable, à l'inverse des hôtels dont la situation était plus contrastée, nombre d'entre eux restant fermés.

Cependant, cette embellie estivale fut brève, le mois de septembre, puis surtout la fin de l'année, avec la mise en place d'un nouveau confinement, renouant avec des soldes très fortement négatifs. Une année qui donne à lire la violence du choc de la pandémie, mais, dans le même temps, des pistes de réflexion quant aux capacités d'adaptation et de réaction du secteur à cette crise sans précédent.

Et auparavant, que révélaient les chiffres du tourisme en France ?

Nul doute que la crise actuelle modifiera durablement le paysage économique du tourisme français. Pour autant, les chiffres ci-dessous permettent de garder à l'esprit des ordres de grandeur concernant ce secteur important de l'économie nationale.

Touristes français et étrangers confondus, l'industrie touristique génère 173 milliards d'euros de recettes et représente plus de 7,4 % du produit intérieur brut (PIB) français. Cette part reste en progression relativement constante dans l'économie française, malgré des disparités entre les années. Autre caractéristique importante, notamment concernant la clientèle étrangère, la France est aussi bien une destination de courts que de longs séjours (d'une durée supérieure à trois nuitées). Ce qui, en termes de meublés ou de chambres d'hôte, offre la possibilité de développer deux types d'accueil différents. En revanche, la durée moyenne des séjours n'évolue pas et reste de 6,7 jours. Certaines politiques de spécialisation ont permis aux régions et départements de développer et de maintenir efficacement leur tourisme : œnotourisme, aménagement de voies vertes cyclables, valorisation du patrimoine, accueil spécifique des clientèles étrangères, tourisme urbain.
La part dévolue à l'hébergement touristique représente 17,4 % des postes de dépenses des touristes, le deuxième après le transport.

Source : sous-direction de la prospective des études et de l'évaluation économiques de la Direction générale des entreprises, 2017.

Nombre d'établissements et de lits touristiques au 1er janvier 2018

	Nombres d'établisse-ments (en milliers)	Nombres de lits (en milliers)	Pourcentage
Hôtels de tourisme	17,8	1282,5	23,3
Résidence de tourisme et hébergements assimilés	2,3	689,8	12,5
Campings	8,3	2731,5	49,7
Villages de vacances et maisons familiales	0,9	256	4,7
Auberge de jeunesse, centre de séjour	0,2	34,1	0,6
Meublés classés de tourisme	95,1	455,2	8,3
Chambres d'hôtes	25,3	50,6	0,9
Total hébergement marchand	149,9	5499,8	100

Source : Mémento du tourisme, DGE (Direction générale des entreprises), ministère de l'Économie et des Finances, ministère de l'Action et des Comptes publics, 2019.

Parc de logements en gîtes et chambres d'hôte labellisés

Label	Meublés	Chambres d'hôte
Gîtes de France*	45 421	21 168
Clévacances	13 465	3 427
Fleurs de Soleil	-	409
Accueil paysan	710	723
Total	59 596	25 727

Gites de France : chiffres 2017.

Source : Mémento du tourisme, DGE (Direction générale des entreprises, ministère de l'Économie et des Finances, ministère de l'Action et des Comptes publics), 2019.

Parc des meublés de tourisme au 1er janvier 2018

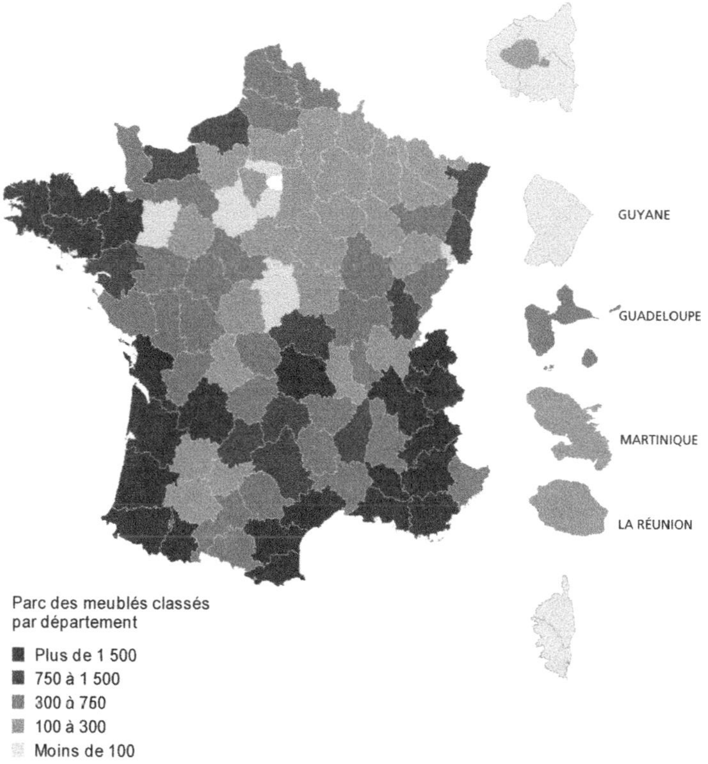

Source : Mémento du tourisme, DGE (Direction générale des entreprises), ministère de l'Économie et des Finances, ministère de l'Action et des Comptes publics, 2019.

Quelle est la part de fréquentation des différents types d'environnement du territoire ?

Type d'espace	Répartition des voyages (en %)	Répartition des nuitées (en %)	Nombre moyen de nuitées
Littoral rural	7,2	10,8	7,7
Littoral urbain	15	20,4	7,1
Total littoral	**22,2**	**31,2**	**7,3**
Montagne hors station	14,3	14,8	5,4
Montagne station	6	7,7	6,7
Total montagne	**20,3**	**20,2**	**4,4**
Rural	**23,9**	**20,2**	**4,4**
Urbain	**30,2**	**22,1**	**3,8**
Non renseigné	3,5	3,9	5,8
Total France métropolitaine	**100**	**100**	**5,2**

Source : Chiffres clés et Mémento du tourisme, DGE (Direction générale des entreprises, ministère de l'Économie, de l'Industrie et du Numérique), 2017.

DÉFINIR SON PROJET

PARTIE I

Pour la plupart de ceux qui se lancent dans cette activité, tenir des gîtes ou des chambres d'hôte est avant tout l'expression d'une passion, passion pour les échanges et les rencontres, ou pour une maison que l'on souhaite sauvegarder. Pour autant, ne perdez pas de vue que passion rime aussi avec réflexion, raison et organisation ! Autrefois essentiellement pratiquée en appoint par des agriculteurs et/ou des retraités disposant d'une maison en espace rural, littoral ou de montagne, l'ouverture de gîte ou de chambre d'hôte se conçoit et se construit désormais comme une activité économique à part entière, les hébergeurs se professionnalisant de plus en plus. Pour que votre activité soit viable, que vous souhaitiez en faire une source complémentaire de revenus ou simplement un moyen d'entretenir votre patrimoine, vous devez vous comporter en véritable chef d'entreprise, prévoyant, polyvalent, se dépensant sans compter son temps ni son énergie, et sachant anticiper l'évolution de ses prestations autant que les attentes de sa clientèle.

1. Avez-vous le bon profil ?

En premier lieu, sachez vous interroger lucidement sur vous-même. Avez-vous le bon profil pour exercer ce métier pas comme les autres qui consiste à accueillir de parfaits inconnus dans votre maison et à leur donner le sentiment qu'ils y sont chez eux ? Ouvrir des gîtes et des chambres étant avant tout une activité fondée sur le contact et l'échange, il importe que vous réunissiez certaines qualités humaines.

Accueillir et recevoir

Savoir accueillir est la vertu cardinale de tout propriétaire de chambre ou de gîte. Votre activité consiste à assurer à vos hôtes le séjour le plus agréable possible ; votre propre personnalité en constitue le socle. Aimez-vous réellement rencontrer et échanger avec de nouvelles personnes ? Avez-vous le contact facile, en toutes circonstances, à tout moment de la journée ? Savez-vous vous montrer constamment souriant, aimable, serviable, à l'écoute de vos clients, attentif aux petits détails qui leur assureront bien-être et confort ?

Vous devez en permanence montrer à vos hôtes qu'ils ne sont pas de simples « clients », mais bien des « hôtes » envers lesquels vous vous efforcez d'apporter la plus grande disponibilité. Disposer des fleurs et des friandises sur la table pour l'arrivée des nouveaux locataires, les aider à prévoir un itinéraire touristique, leur indiquer le meilleur fromager de la région, faire un brin de causette, expliquer plusieurs fois le fonctionnement du volet de protection de la piscine… Toutes ces petites attentions, ces petits moments que vous accorderez à vos hôtes seront autant de marques de convivialité qui leur permettront de se sentir à l'aise et montreront que la notion d'accueil n'est pas pour vous un vain mot.

Nul besoin de vous montrer en permanence extraverti, ou très expansif, une pointe de timidité n'est pas non plus rédhibitoire ; en revanche, taciturne et ours solitaire s'abstenir ! Votre plaisir à accueillir, votre intérêt pour les échanges humains doivent être sincères, sinon cette activité vous lassera et deviendra rapidement une contrainte, d'autant plus lourde que vous côtoierez quotidiennement vos hôtes.

Si l'accueil est fondamental, attention cependant à ne pas vous montrer trop présent : sachez vous adapter à vos différents hôtes. Certains vous solliciteront tous les jours pour mille et une questions portant sur l'hébergement, leurs loisirs, les environs, etc., quand d'autres seront plus discrets et attendront aussi de votre part une certaine réserve. À vous de faire preuve de finesse et d'attention, de vous adapter en vous montrant particulièrement disponible pour les uns et en observant une certaine retenue avec les autres, tout en restant présent et disponible en cas de besoin. Allier discrétion et disponibilité est un art délicat mais qui s'acquiert facilement, avec un minimum de tact et de bon sens.

Se faire respecter, respecter les autres

Patience et diplomatie sont également des atouts importants : face à des clients qui parfois peuvent se montrer désagréables ou exigeants, il vous faudra en toutes circonstances conserver sourire et sang-froid, savoir prendre du recul et dédramatiser les petits incidents qui peuvent se produire. Veillez également à prévenir les éventuelles dissensions qui pourraient survenir entre vos hôtes : occupation de la piscine, bruits de conversation tardifs dans le jardin, véhicules mal garés… Apprenez à allier fermeté et esprit de conciliation. Quelles que soient les éventuelles sources de conflit, une dose d'humour et un peu de distance vous aideront toujours à calmer les esprits et à dédramatiser la situation.

Savoir se rendre disponible

Autant le dire tout de suite : assurer à vos visiteurs des vacances de rêves implique de renoncer à vos propres congés et petits week-ends impromptus, en particulier dans les premières années, lorsque vous devez être à pied d'œuvre pour accueillir le maximum de clients. Pas question de partir aux beaux jours, sous prétexte que les clients ne répondent pas encore présents et que vos chambres ou gîtes sont vides durant les trois semaines qui suivent !
De même, ne prévoyez pas de période de fermeture, du moins au début de votre activité. Nombreux sont les touristes qui apprécient de découvrir une région hors saison, loin de la foule. C'est généralement lorsque les hôtels sont fermés que vous avez le plus de chances d'accueillir cette clientèle recherchant un certain calme, loin de la foule. De votre côté, il est intéressant de recevoir des clients à une époque où ils se font plus rares, d'un point de vue financier bien sûr, mais aussi parce que vous serez plus détendus et profiterez peut-être mieux de ces rencontres.

Par ailleurs, sachez qu'au démarrage, votre taux de remplissage ne sera pas forcément très élevé. Dans les premiers temps, ne comptez donc pas sur une visibilité à plus de quelques jours ou semaines ; vous devrez accepter beaucoup de demandes de dernière minute avant de pouvoir compter sur une clientèle régulière. Tous les cas de figure sont possibles : des vacanciers partis au dernier moment, sur un coup de tête, à ceux qui décident de s'attarder plus longtemps que prévu dans la région mais qui doivent rendre leur chambre d'hôtel. Tous apprécieront d'autant plus de trouver un hébergement à l'improviste. Si, de plus, vous savez les séduire par votre accueil, vous construirez peu à peu une clientèle susceptible de vous devenir fidèle, plus régulière et prévoyante.
Patience donc, et restez à votre poste !
Être présent, sur place, est une évidence si vous tenez des chambres d'hôte, mais cette disponibilité vaut également pour les propriétaires de gîtes. Même si vos hôtes disposent de tout le confort sur place, sont totalement autonomes et possèdent votre numéro de portable, mieux vaut ne pas prévoir de s'absenter plus de deux jours durant leur séjour. À l'exception des gîtes situés loin du domicile de leurs propriétaires (mais qui restent une minorité), vos clients doivent pouvoir compter sur vous à tout moment. Cela fait aussi partie de la qualité de votre accueil.

« *Il peut arriver que nous ayons besoin de nous absenter, ne serait-ce que pour deux jours. Mais nous limitons nos déplacements, car nos hôtes nous font souvent savoir qu'ils n'aiment pas rester seuls sans nous dans la maison !* » (Marie-Louise Pustoc'h, gîtes de Kerjoa.)

« *Comme nous sommes ouverts toute l'année, la difficulté de ce métier, c'est que l'on n'est jamais totalement en vacances, contrairement à ce que beaucoup pensent. Non, ce job ce n'est pas "les vacances toute l'année !". Je gère seule mon activité et mes réservations, il m'est donc impossible de couper le téléphone et l'ordinateur ; je les emmène partout avec moi, même au bout du monde. Pas question de rater une semaine d'appels ou de mails. Sinon, je n'ai pas d'activité en rentrant de vacances, et je perds une clientèle toujours plus impatiente d'avoir une réponse dans l'heure. Le lendemain, c'est déjà trop tard ! J'ai des emails types, tout préparés pour quasiment chaque catégorie de demande, mais ce n'est pas suffisant, il y a toujours le cas particulier, la demande qui sort des sentiers battus. Je réponds à chaque email, à chaque appel et à chaque SMS, même les plus excentriques ! Heureusement, j'ai aussi un logiciel de gestion spécialisé qui m'aide beaucoup pour le planning, l'envoi de mails de rappels, la comptabilité, les factures et module de réservation en ligne. Pour info, il s'appelle http://thais-soft.com J'ai collaboré à son développement, c'est mon passé informatique qui m'a rattrapée !* » (Karine Caillat, Bonheur & Bohème).

Bien entendu, quand vos logements sont vides, vous pouvez tout à fait vous absenter si nécessaire. Dans ce cas, pensez simplement à faire suivre votre ligne sur votre portable. Vous pouvez aussi adapter le message de votre répondeur : indiquez vos jours de départ et de retour, précisez que vos chambres ou gîtes restent néanmoins ouverts à la location et donnez votre numéro de portable (épelez distinctement et n'hésitez pas à répéter) pour que les clients éventuels puissent vous joindre facilement.

Être polyvalent, rigoureux et parfaitement organisé

Si cette activité est *a priori* accessible à tous, elle exige néanmoins une grande polyvalence qui vous conduira à pratiquer plusieurs métiers. Vous serez ainsi tour à tour homme ou femme de ménage, cuisinier(re), intendant(e), jardinier(e), maçon(ne), menuisier(re), plombier(e), peintre, décorateur(trice), mais également comptable, webmaster, standardiste..., voire interprète pour ceux qui ont la chance d'être polyglottes ! Dans les premiers temps, à moins d'adopter un positionnement haut de gamme, difficile de faire appel à du personnel extérieur pour vous aider dans ces nombreuses tâches. Comme tout nouveau chef d'entreprise, il vous faudra être réactif et apprendre à changer de casquette suivant les impératifs du moment.

Par ailleurs, n'oubliez jamais que l'hygiène et la propreté doivent être pour vous des impératifs constants et faites preuve de la plus grande rigueur en ce domaine. Louer des draps immaculés, posséder une vaisselle impeccable, traquer la moindre saleté dans les sanitaires, dégager les allées du jardin, s'assurer que les abords de la piscine sont parfaitement nettoyés, les locaux à poubelles, désinfectés et en ordre, etc. Tout cela doit devenir un réflexe et ne souffrir aucun écart. Il en va du confort de base de vos visiteurs et de la réputation de vos hébergements.

De la même façon, soyez intransigeant en matière de sécurité et examinez les lieux d'un œil critique, en traquant la moindre cause possible d'accident. Une maison recèle de nombreux dangers potentiels dont nous ne saurions donner une liste exhaustive. Veillez par exemple aux escaliers : contremarches, espaces entre les barreaux de la rambarde, main courante. Signalez les portes abaissées, les marches entre deux pièces. Installez des garde-corps aux fenêtres, balcons et terrasses. Placez les ustensiles de cuisine hors de portée des enfants. Dans le jardin, vérifiez la solidité des jeux d'enfants tels que balançoires et tourniquets, l'aire de réception du

toboggan ; assurez-vous que votre terrain soit bien clos et que les enfants ne risquent pas de déboucher en courant sur une route très fréquentée ; sécurisez les abords des pièces d'eau ; installez un miroir si la sortie de votre stationnement manque de visibilité, etc.
Pour la sécurité et l'hygiène, n'hésitez pas à vous faire accompagner des professionnels du tourisme que sont les labels et comités de tourisme (voir p. 126 et suiv.), ils vous aideront à prévoir les travaux à entreprendre. Mais par la suite, il vous reviendra d'être extrêmement pointilleux sur tous ces points et de vérifier régulièrement que tout se trouve en bon état de marche et de propreté.

Ayez également conscience de la somme de travail qu'exigent tous ces travaux ; vous devrez souvent être sur plusieurs fronts à la fois : restaurer et entretenir sa maison et son terrain, assurer sa promotion, répondre aux clients, se renseigner sur les animations proposées dans la région, etc. : tous ces travaux sont aussi nombreux et indispensables que chronophages. Faire preuve de rigueur et d'organisation est donc indispensable pour gérer au mieux vos hébergements.

Être à l'affût des centres d'intérêt de sa région

N'oubliez pas de vous tenir bien informé des centres d'intérêt de votre région, dans des domaines très variés. Ce métier exige de votre part curiosité et ouverture d'esprit car vos hôtes comptent aussi sur vous pour les aider à découvrir la région. Randonnées sportives, découverte de la faune et de la flore, du patrimoine culturel, connaissance des festivals de musique ou de théâtre, animations pour les enfants : vous devez pouvoir indiquer des activités adaptées à des âges et à des personnalités très variés.
Sachez également faire appel à vos compétences et talents plus personnels : musicien, artiste peintre, sportif, cuisinier hors pair, n'hésitez pas à organiser des manifestations, stages ou sessions de formation pour vos hôtes, beaucoup apprécieront de partager vos connaissances. Sans compter que vous personnaliserez vos hébergements et sélectionnerez peu à peu une clientèle composée de personnes partageant vos passions. De quoi joindre l'utile à l'agréable !

Être au meilleur de sa forme

Corollaire logique de ces différents prérequis, mieux vaut posséder une bonne condition physique et ne pas craindre les coups de fatigue, les journées « trois en une » ni le travail d'extérieur. Même si

à première vue, tenir trois chambres d'hôte dans une maison avec un jardin de taille raisonnable semble à la portée de tous, n'oubliez pas que la succession de visiteurs vous conduit à changer et nettoyer les chambres autant de fois que de nouveaux arrivants s'installent, ce qui, ajouté aux petits-déjeuners et à la table d'hôte si vous la proposez, représente une somme de travail importante. Tenir des gîtes suppose de posséder un terrain assez vaste, ce qui ajoute autant de travail de jardinage et d'entretien des abords.
Mais la fatigue physique n'est pas la seule avec laquelle vous devrez compter. Saurez-vous tenir nerveusement lors du coup de feu des mois d'été, quand vos chambres seront toutes occupées par des visiteurs qui changeront tous les deux ou trois jours et auxquels vous ferez peut-être table d'hôte ? Tiendrez-vous votre promesse d'accompagner les hôtes de vos gîtes dans une randonnée en montagne à la journée en sachant que les occupants d'un deuxième gîte sont une « famille catastrophe » qui vous sollicite sans cesse pour un tuyau qu'ils ont cassé, un bac à fleurs qu'ils ont ébréché, un parasol qu'ils n'arrivent plus à ouvrir (ils ont cassé trois baleines) ? Saurez-vous à la fois gérer le quotidien de vos hôtes mais aussi de votre famille tout en conservant votre énergie et votre bonne humeur, et en répondant dix fois par jour aux personnes qui vous appellent pour savoir s'il vous reste de la place ? En un mot, saurez-vous résister au stress ?

Préserver son entourage

Tous les points que nous venons d'aborder valent aussi pour votre entourage familial : même si, le plus souvent, l'un des conjoints conserve une autre activité professionnelle, il est important que chacun puisse mettre la main à la pâte et connaisse les tâches à accomplir pour pouvoir prendre le relais en cas de besoin. Il est aussi plus facile à une personne impliquée ou tout au moins consciente des aspects de ce métier, d'en accepter les contraintes et de faire preuve de compréhension envers un conjoint débordé et totalement absorbé par ses hôtes. De même, soyez vigilant si vous avez des enfants, particulièrement en bas âge. N'imaginez pas que le fait de travailler à domicile vous permette de concilier plus facilement votre vie de famille et votre métier. Dès lors que vos hébergements représentent au moins l'équivalent d'un mi-temps professionnel, en temps mais également en investissement personnel, prévoyez un mode de garde adapté, de la même façon que si vous aviez travaillé à l'extérieur. Soyez tout aussi attentif si vos enfants sont plus âgés. Pour un adolescent, accueillir des inconnus chez soi n'est pas forcément chose facile ; il faudra parfois supporter des enfants un peu bruyants en période de révisions, tandis qu'il ne sera plus possible d'inviter des amis à l'improviste, de traîner dans le jardin les soirs d'été. Et surtout, plus de week-end seul à la maison pour faire la fête avec des copains !

« *Notre fille, qui avait 18 ans lorsque nous avons ouvert notre première chambre d'hôte, a très mal vécu le fait de devoir partager sa maison, mais aussi ses parents avec des inconnus. Lorsque vous recevez des hôtes, vos enfants vous voient différemment : vous devez faire preuve de patience, de diplomatie, vous rendre plus disponibles que vous ne l'êtes alors avec vos propres enfants. Même à cet âge-là, ils ne le comprennent pas toujours très bien.* » (Hélène Robo, la maison de la Mare.)

Dès lors que vous accueilliez des visiteurs sur votre propriété ou dans votre maison, tous les membres de votre famille seront, d'une façon ou d'une autre, concernés par votre activité. Bien sûr, cela ne vous empêche en rien d'aller au bout de votre projet ; soyez simplement conscient de ce que cela implique, préparez votre projet en en parlant autant que nécessaire avec vos proches et organisez-vous pour que chacun vive l'expérience au mieux.

« *Au début, nous avons dû faire fi des mises en garde de nos amis et proches, qui nous disaient que nous étions fous d'ouvrir et de confier notre maison à des inconnus, que nous allions nous faire dévaliser ! Bien sûr, rien de tout cela n'est jamais arrivé.* » (Hélène et Albert Robo, la maison de la Mare.)

2. Gîte ou chambre d'hôte ?

Si les qualités humaines nécessaires sont communes aux propriétaires de gîtes ou de chambres d'hôte, le type d'hébergement que vous allez proposer n'implique pas toujours le même travail au quotidien. Avant d'aller plus loin, quelques définitions utiles pour bien cerner le type d'hébergement qui vous correspond.

Qu'est-ce qu'une chambre d'hôte ?

Il existait jusqu'à récemment une certaine liberté pour toute personne souhaitant ouvrir chez elle des chambres d'hôte. Un simple panneau « chambres » ou « B & B », apposé sur une façade tenait lieu de toute déclaration, et les prestations offertes variaient en fonction de l'habitat des propriétaires.

L'activité de location de chambre d'hôte est soumise à déclaration en mairie et aux obligations de transparence et d'information que sont l'affichage des prix (voir page 175) et la remise d'une facture (voir partie IV, p. 180). Par ailleurs, il s'agit désormais d'une activité commerciale (voir p. 113).

La ou les chambres d'hôte se situent obligatoirement chez l'habitant, dans sa résidence principale ou secondaire, dans le bâtiment principal ou dans un bâtiment attenant. L'accueil doit être assuré par l'habitant en personne (vous ne pouvez donc plus partir en vacances et déléguer une autre personne pour assurer l'accueil à votre place).

La prestation doit comprendre au minimum les éléments suivants :

• chambre meublée d'une surface de 9 m^2 minimum[1] et de 2,20 m sous plafond, mise à disposition pour une ou plusieurs nuitées, le linge de maison étant fourni. Le chauffage assure une température de 19 °C. La chambre donne accès à des WC et à une salle d'eau équipée d'un lavabo, d'une douche ou d'une baignoire ;

• chaque nuitée comprend le service d'un petit-déjeuner et le ménage quotidien de la chambre et des sanitaires ;

• conformité du lieu avec les réglementations de l'hygiène, de la sécurité et de la salubrité ;

• capacité d'accueil limitée à cinq chambres pouvant recevoir 15 personnes maximum.

1. Mais, dans la pratique, la surface minimale, notamment exigée par les labels, est de 12 m^2.

Les chambres d'hôte s'adressent à des visiteurs « itinérants », la majorité des séjours tourne autour de deux à cinq nuitées, rarement au-delà d'une semaine. La somme de travail est très intense, car, à chaque nouvel arrivant, il faut, dans un laps de temps très court, préparer les chambres, changer la literie, le linge de toilette, nettoyer la chambre et les sanitaires, tout en tenant l'ensemble des pièces à vivre et du jardin impeccable. Durant l'été, certains propriétaires exigent un séjour minimal de deux nuitées, sinon le turnover est trop épuisant.

Qu'est-ce qu'une table d'hôte ?

La table d'hôte constitue le prolongement de l'activité de chambre d'hôte ; elle ne peut accueillir que les personnes qui y séjournent. Le nombre de convives ne dépasse donc pas la capacité des chambres, soit quinze personnes. Le principe est celui d'un repas pris en commun, sur la base d'un menu unique (seule dérogation possible : un menu enfant), préparé à partir de produits de qualité, de préférence issus du terroir. Elle représente un complément de revenus souvent appréciable.

La table d'hôte n'a rien d'obligatoire, mais elle constitue un véritable atout si votre habitation se trouve située loin des restaurants. Pour vos hôtes, notamment le premier soir, il est agréable de ne pas avoir à ressortir après une journée de visite, à rechercher un lieu où dîner, à penser à réserver… Sans compter le plaisir de la convivialité que recherchent justement les clients des chambres d'hôtes. Dîner ensemble est une occasion très agréable de faire votre connaissance et celle des autres hôtes.

Pour vous approvisionner, privilégiez les circuits courts en vous fournissant chez les producteurs locaux ; une nouvelle façon de valoriser votre région, car votre rôle « d'ambassadeur » passe aussi par le plaisir des papilles ! Profitez des ventes directes, à la ferme ou sous forme de paniers, pour vous fournir en fruits et légumes de saison, œufs, produits laitiers, viandes, boissons, miel et toute spécialité locale que vous ferez découvrir à vos hôtes. Ou encore, repérez sur le marché le jour de présence de votre poissonnier préféré. Organisez-vous et prévoyez vos menus à l'avance pour passer vos commandes par téléphone et venir les chercher à l'heure qui vous convient ou pour vous faire livrer.

Si la constitution des menus vous tracasse, vous pouvez démarrer avec un petit stock de recettes du terroir que vous réaliserez fréquemment et que vous perfectionnerez peu à peu. Rien ne vous empêche non plus de réserver un jour de la semaine à la spécialité

locale et de décréter fièrement que *« le mardi, c'est choucroute ! »*. Libre à vous également de ne faire table d'hôte que certains soirs de la semaine.
Lorsqu'ils ne veulent pas faire table d'hôte, certains propriétaires mettent une kitchenette à disposition de leurs hôtes, ou leur permettent d'utiliser leur cuisine pour leur éviter de devoir aller dîner au restaurant. Cette solution est appréciable pour les budgets limités.

Qu'est-ce qu'un gîte ?

Le « gîte », tel qu'habituellement entendu, n'a pas de définition légale, il s'agit d'un terme de la vie courante. Le législateur parle de « meublé de tourisme » et le définit comme « une villa, un appartement ou un studio, meublé, loué à une clientèle de passage qui y effectue un séjour caractérisé par une location à la journée, à la semaine ou au mois et qui n'y élit pas domicile ». La durée maximale de cette location est de douze semaines consécutives à la même personne. La différence avec les hôtels est que le meublé est entièrement loué au locataire, à son usage exclusif. Il ne comprend donc pas de hall d'accueil. Et, à la différence des chambres d'hôtes, le propriétaire n'y est pas présent pendant la durée de location.
Dans cet ouvrage, nous parlerons indifféremment de gîte, de gîte rural ou de meublés de tourisme, même si le terme de « gîte rural » est une dénomination propre à l'association des « Gîtes de France ». Le classement des Gîtes de France et celui des meublés de tourisme, bien que très proches, ne recouvrent pas exactement les mêmes critères.

À partir de cette définition officielle, les différents labels (Gîtes de France, Bienvenue à la ferme, Clévacances, Fleurs de soleil, voir p. 129 et suiv.), ont établi des distinctions, parfois communes, selon les types d'hébergements proposés : la plus large concerne les « gîtes ruraux », puis des déclinaisons sont possibles en fonction du public auquel s'adresse l'hébergement.

Le gîte rural

Selon la définition des Gîtes de France, le gîte rural est une maison indépendante, située à la campagne, à la mer ou à la montagne. Il permet à une famille de disposer du confort et de l'équipement d'une maison individuelle, généralement pour une durée calculée à la semaine.

> « *Je n'accepte de louer les gîtes pour un week-end vraiment qu'au dernier moment. Comme les locations se font du samedi au samedi, je risque de perdre deux semaines pour trois jours de location : il m'est déjà arrivé de devoir refuser de louer deux semaines parce que le gîte était pris uniquement du vendredi au dimanche. Lorsque l'on me téléphone pour un court séjour, j'oriente les personnes vers les chambres d'hôte, qui sont mieux adaptées. C'est un autre métier.* » (Marguerite Melet, ferme de Port-Aubry.)

Les gîtes d'étapes, de séjour ou de groupe

Cette dénomination ne recouvre pas non plus une définition légale, mais correspond à des offres spécifiques proposées par des réseaux ou labels touristiques.
Il s'agit d'hébergements pouvant accueillir de 12 à 50 personnes pour une ou deux nuitées (gîtes d'étape), ou des périodes plus longues (gîtes de séjour). Ils sont donc particulièrement adaptés aux familles et groupes d'amis pour une étape de randonnée (à pied, en cycles, à dos d'âne ou de cheval...), une réunion familiale, un séminaire, un stage sportif, des classes découverte, etc. Ces logements disposent d'espaces de vie en commun, de couchages en dortoirs ou en chambres, de sanitaires privatifs ou collectifs.
Ces accueils peuvent comprendre des prestations de restauration, de préparation de paniers repas. Ou bien vous pouvez mettre à disposition une cuisine utilisable en libre-service. En revanche, le nombre de personnes étant supérieur à quinze, ces gîtes relèvent de la catégorie des Établissements recevant du public (ERP) et doivent, de ce fait, répondre à la réglementation spécifique, notamment en termes de protection contre l'incendie, d'accessibilité pour les personnes en situation de handicap. Le label auquel vous ferez appel ainsi que votre agence départementale du tourisme seront vos interlocuteurs pour la mise aux normes spécifique que vous devrez opérer dans votre lieu d'hébergement.

La formule du meublé de tourisme est adaptée à des séjours plus longs que ceux passés en chambres d'hôte. S'il est possible de louer un gîte le temps d'un week-end (notamment les gîtes d'étape), les gîtes sont généralement destinés à des locations d'au moins une ou deux semaines, jusqu'à un mois de façon courante. Ils s'adressent à des personnes qui vont s'installer plus durablement sur leur lieu de vacances. Le travail engendré par un gîte n'est pas tout à fait le même que pour les chambres, car les changements de locataires sont moins fréquents. De plus, les locataires doivent vous rendre les lieux nettoyés et rangés, et peuvent apporter leur propre linge de lit. Mais sachez que vous aurez toujours un grand ménage à faire après chaque départ et que, le plus souvent, vous aurez à louer des draps, ce qui permet à vos locataires de ne pas voyager trop chargés.

« *Pour nous sentir épaulés, accompagnés, nous rencontrons aussi régulièrement d'autres propriétaires : nous nous entraidons en nous envoyant des clients lorsque nous n'avons plus de place. Il n'y a pas de concurrence entre nous car, sur notre créneau, il y a suffisamment de clientèle.* » (Paul-André Glorieux, la Rougeanne.)

Contrairement aux chambres d'hôte, rien ne vous empêche de louer un gîte situé loin de votre propre habitation, parfois dans un autre département. De plus, vous n'êtes pas non plus obligé d'accueillir vous-même vos locataires et vous pouvez très bien charger une personne de confiance de le faire à votre place. Néanmoins, un gîte situé loin de votre domicile nécessite une certaine organisation, que vous deviez vous libérer chaque week-end où de nouvelles personnes arrivent ou qu'il vous faille trouver la bonne personne à qui confier l'accueil. Sans compter tous les déplacements pour entretenir les lieux et tous les imprévus où vous devrez vous rendre sur place pour régler un problème (panne par exemple). Posséder un gîte près de chez soi simplifie les choses et se révèle surtout bien moins onéreux.

3. Se positionner

Vous êtes certain que cette activité vous correspond, vous savez quel type d'hébergement vous allez proposer ; reste maintenant à imaginer à quoi il ressemblera.
Peut-être en avez-vous déjà une idée très précise : vous êtes agriculteur et vous pouvez transformer une grange en logements, vous héritez d'une propriété et il faut financer les travaux, ouvrir un gîte est la seule option qui vous permette de vivre dans la région de vos rêves ou encore, professeur de danse, vous souhaitez pouvoir accueillir des stagiaires durant l'été ; vous avez décidé que, de toute façon, l'activité d'accueil touristique correspondait à votre situation, et vous pensez que votre situation géographique, votre budget ou votre disponibilité ne vous permettent pas de proposer autre chose qu'un simple hébergement.
Prenez cependant le temps de faire le tour de ce qui existe déjà autour de chez vous ; pour vous distinguer, attirer et susciter une nouvelle clientèle, éviter de répéter ce que font tous vos confrères ; réfléchissez à votre positionnement, c'est-à-dire à l'identité que vous allez donner à votre gîte.
Dans un premier temps, cette réflexion passe par une étude de votre environnement direct, c'est-à-dire de vos confrères et des centres d'intérêt de votre région.

Étudier la concurrence

Par concurrence, il faut entendre à la fois les autres gîtes et chambres d'hôte, mais également les autres types d'hébergements que sont les hôtels, locations, campings et villages de vacances. Connaître cet environnement vous évitera de vous situer sur un créneau trop saturé et vous aidera le cas échéant à (re)définir votre propre projet. Consultez les offres de votre comité départemental de tourisme, celles proposées dans votre région sur Trip Advisor, Booking et Airbnb, les labels de chambres d'hôtes et de gîtes, sans oublier les sites de prêt de maisons de vacances entre particuliers : abritel.fr, papvacances.fr, reloger.com, paruvendu.fr, homelidays.com, etc. À partir de toutes ces données, essayez de vous dresser une cartographie assez précise des hébergements proposés localement, de leur positionnement et de leurs offres de services en relevant les différents points suivants par rapport auxquels vous devrez ensuite vous situer vous-même. Toutes ces recherches demandent du temps, mais sont indispensables pour trouver votre propre créneau et ne pas risquer de vous placer sur un marché déjà saturé.

Localisation et types d'hébergement

La densité de l'offre d'hébergement peut varier du simple au double au sein d'un même département, notamment lorsqu'une partie se trouve située sur le littoral et l'autre en campagne, par exemple.
Si votre logement se situe en dehors de la zone la plus touristique, il sera d'autant plus important de développer une offre originale pour acquérir de la visibilité.
Par ailleurs, interrogez-vous également sur la nature des hébergements déjà proposés ; beaucoup de campings, de gîtes ruraux ?...

Tarifs et segmentation

Les tarifs permettent d'évaluer la cible visée par chaque hébergement, c'est-à-dire une clientèle plus ou moins aisée. Le nombre de gîtes ou de chambres labellisés, le nombre d'épis, d'étoiles ou de clés vous donnent également une idée du niveau de prestation proposé et précise la clientèle visée. Cette segmentation peut réduire assez fortement l'offre d'une région à chaque extrémité de l'échelle des prix. Dans certains départements, il n'existera pas ou très peu de chambres d'hôte dites « de charme ». Ailleurs, à l'inverse, très peu d'hébergeurs accepteront les chèques-vacances. Peut-être pouvez-vous compléter l'offre locale en adoptant un positionnement trop peu représenté ?

Taille des hébergements

Combien de personnes en moyenne les gîtes de votre région peuvent-ils accueillir ? Pouvez-vous par exemple vous différencier en offrant un lieu permettant d'accueillir des groupes d'amis alors que vos confrères ne proposent que des locations pour quatre à six personnes ?

Périodes de fermeture

Quels sont les taux de remplissage des structures d'accueil qui vous entourent ? Sont-elles ouvertes toute l'année ou seulement durant la saison touristique ? Nous l'indiquions plus haut, dès lors que vous proposez des chambres d'hôte ou que votre gîte se trouve situé tout près de votre propre domicile, il est intéressant de rester ouvert toute l'année et de vous positionner en complément des hôtels, qui ne peuvent rester ouverts en dehors de la saison touristique du fait de leurs charges de personnel.

Connaître les atouts de sa région

Vous devez connaître les différents centres d'intérêt de votre région et vérifier régulièrement que vos informations sont parfaitement à jour ; vos hôtes comptent aussi sur vous pour les aider à s'orienter et à profiter au mieux de leur séjour.
Si vous êtes déjà propriétaire du lieu où vous créez vos hébergements, consultez la liste des différentes questions que nous suggérons aux personnes en recherche d'une maison ; ces différents points vous aideront aussi à développer une offre adaptée à votre environnement.

Définir son positionnement

Les points ci-dessus vous auront permis de vous faire une idée plus précise de votre environnement. À vous également de développer une offre différente en misant sur vos atouts et savoir-faire. Posez-vous la question de ce que vous aimez faire et de votre localisation ; avec un peu d'imagination, vous pourrez construire une offre originale et offrir à vos locataires des vacances aussi actives que passionnantes.

LE MONDE EN VERT

Vous exercez une profession agricole et souhaitez accueillir des hôtes au sein de votre exploitation ? Vous vous placez ainsi dans la droite ligne des premiers gîtes ruraux, apparus dans les années 1950. Depuis, l'accueil à la ferme reste une thématique très appréciée des touristes. Bienvenue à la ferme et Accueil paysan sont aujourd'hui les deux principaux labels d'hébergements situés au sein d'exploitations agricoles et comptent 8 000 agriculteurs adhérents pour Bienvenue à la ferme (de la simple visite à l'hébergement), 1 200 pour Accueil paysan (avec une trentaine d'implantations à l'étranger). Ces gîtes, gîtes d'étapes, campings à la ferme et chambres d'hôte permettent à une population de touristes de redécouvrir l'environnement rural et les fonctionnements actuels des fermes.
Différentes formules d'accueil sont possibles : chambres d'hôte et gîtes ruraux, gîtes d'étape, de séjour, vacances d'enfants, camping à la ferme, ferme équestre avec hébergement.

Les activités proposées par Bienvenue à la ferme sont nombreuses :
- fermes de découverte : simple observation des lieux ;
- fermes pédagogiques : participation à l'activité de la ferme ;
- fermes équestres : pratique de l'équitation ;
- vacances d'enfants : accueil de groupes d'enfants ;
- chasse à la ferme : aide à la pratique de la chasse.

Engagé de longue date pour une agriculture paysanne et un tourisme équitable, Accueil paysan propose, en plus des tables et ventes de produits, des hébergements, avec une attention particulière vis-à-vis des publics en difficultés (accueil social). Les visites, animations et partages de savoir-faire portent sur des thématiques aussi diverses que la permaculture, l'écoconstruction, le jardinage, l'herboristerie... (Concernant Accueil paysan, voir aussi p. 132).

Pour la restauration, vous pouvez prévoir des formules telles que la table d'hôte, mais également des paniers paysans ou des sacs pique-nique pour les randonneurs.

Par ailleurs, l'hébergement sur le lieu d'exploitation vous permet de développer une clientèle pour les produits de votre structure : fruits et légumes, fromages, conserves, charcuteries, salaisons, etc.

« Dans notre boutique, nous vendons une quinzaine de sortes de fromages de notre fabrication, plus une cinquantaine de variétés que nous découvrons chez les fromagers d'autres régions, et beaucoup d'autres produits de terroirs pour lesquels nous connaissons personnellement les producteurs ; des jambons, des terrines, des confitures, du vin, du miel... » (Marguerite Melet, ferme de Port-Aubry.)

Le label Clévacances a créé une sélection « Bacchus » d'hébergements situés chez des viticulteurs, ou parrainés par des viticulteurs, qui s'engagent à aider les visiteurs dans leur découverte du vignoble. Ces gîtes et chambres sont équipés d'un local où stocker le vin à bonne température.

Vos hébergements

Si l'on pense spontanément maison, traditionnelle ou contemporaine, un hébergement insolite peut aussi constituer une offre qui vous permettra de vous différencier. Une cabane au fond de votre jardin ou dans les arbres, une yourte ? Un habitat troglodyte ? Un ancien bus aménagé, une péniche... sont autant de propositions originales que peuvent apprécier vos hôtes. Et qui, bien souvent, font l'objet d'un traitement attentif de la part des labels et des structures d'aide à la création d'hébergements.

Les publics que vous souhaitez accueillir

Ouvrir un gîte d'étape, de séjour est aussi une façon de se démarquer en s'adressant à des publics bien spécifiques. Vous pouvez aussi vous adresser à d'autres clientèles :
• vous êtes sensible à la question du handicap et vous souhaitez offrir aux personnes handicapées et à leurs proches des hébergements adaptés à leur situation ? De nombreux dispositifs d'accompagnement vous permettent de bénéficier de conseils et d'aides pour aménager ou adapter vos logements aux situations de handicap ;
• vous pouvez vous adresser directement aux jeunes parents en proposant des équipements adaptés aux tout-petits. De nombreux gîtes sont déjà équipés en lits de bébé, chaises hautes, voire tables à langer, mais vous pouvez également prévoir des jouets et jeux de premier âge, proposer des services de baby-sitting, prêter des poussettes, organiser des activités adaptées parents-enfants, etc.

« *C'est important de rendre service à nos hôtes : il m'est souvent arrivé de garder des enfants en bas âge pour permettre à leurs parents de passer une soirée tranquille au restaurant. Les parents sont ravis, et moi, je passe un bon moment à lire des histoires aux enfants !* » (Marguerite Melet, ferme de Port-Aubry.)

Les touristes étrangers

La pratique d'une langue étrangère est aussi un moyen de vous démarquer… lorsque la langue est réellement maîtrisée. Nombre de propriétaires peuvent se débrouiller en anglais ; mais être véritablement bilingue, pouvoir animer des activités dans une autre langue que le français constitue un réel avantage par rapport à vos confrères.

« *Grâce à une clientèle étrangère assez importante, j'utilise l'anglais bien plus souvent que dans mes vies professionnelles précédentes (à l'écrit et à l'oral, mon site comporte d'ailleurs plusieurs pages en anglais), et je me suis remise à l'allemand. J'apprécie beaucoup cette pratique linguistique !* »
(Karine Caillat, Bonheur & Bohème).

D'OÙ SONT ORIGINAIRES LES TOURISTES ÉTRANGERS ?

La clientèle touristique étrangère visitant la France est très majoritairement originaire d'Europe (à près de 80 %) et plus précisément d'Europe communautaire. D'une année sur l'autre, si le classement de tête connait quelques fluctuations, les touristes visitant la France sont le plus souvent issus d'Allemagne, de Belgique, du Luxembourg et du Royaume-Uni. Viennent ensuite les clientèles italienne et espagnole. En dehors de l'espace communautaire, les touristes sont principalement issus de Russie et de Suisse. Toujours en nombre, les touristes sont ensuite originaires d'Amérique (10 %), États-Unis, puis Brésil et Canada. En troisième position, et surtout en forte progression, viennent les touristes originaires d'Asie (7 %), notamment de Chine, d'Inde, du Japon, du Proche et du Moyen-Orient. Arrivent enfin les ressortissants issus d'Afrique (surtout Afrique du Nord), puis d'Océanie (presque exclusivement d'Australie).
En grande majorité, (65 %), les touristes étrangers viennent pour leurs vacances. Pour 15 % d'entre eux, il s'agit de rendre visite à des proches, les motifs professionnels venant ensuite.
Une fois sur place, les activités que pratiquent ces touristes étrangers sont diverses. Plus de la moitié d'entre eux visite des sites culturels. Le shopping vient en deuxième position, suivi par la gastronomie ! Les parcs de loisirs (au premier rang desquels Disneyland Paris) les activités sportives font aussi partie de leurs activités. Si les événements culturels et sportifs sont généralement moins pratiqués, nul doute que les Jeux olympiques de Paris changeront la donne en 2024 !

Source : Le 4 pages de la DGE (Direction générale des entreprises, ministère de l'Économie et des Finances, de l'Action et des Comptes publics, juillet 2019.

Les groupes spécifiques

Vous pouvez proposer des animations à des groupes spécifiques tels que les comités d'entreprise, les associations… Pour accueillir des enfants en colonie de vacances ou en classe de découverte, contactez les écoles de votre département ou des organismes qui mettent en place des colonies : conseils départementaux, communautés de communes, Directions départementales de la jeunesse et des sports (www.jeuness-sports.gouv.fr), mais également des associations telles que l'Union française des centres de vacances et de loisirs, (www.ufcv.asso.fr), la Ligue de l'enseignement (www.laligue.org), etc.

Libre à vous d'accepter ou non des visiteurs accompagnés de leur animal domestique. Il s'agit d'un critère important à mentionner dans votre descriptif. Certains touristes seront heureux de pouvoir voyager avec leur compagnon, quand d'autres rechercheront au contraire les lieux ne les acceptant pas.

Ce que vous savez faire

… Pourquoi ne pas en faire profiter vos hôtes ? Un simple hobby, une passion que vous avez développée et pratiquée depuis longtemps peut devenir un moyen de personnaliser votre gîte ou vos chambres d'hôte. Le temps d'un week-end ou d'une semaine, suivant vos envies et vos passions, proposez à vos visiteurs des séances d'initiation ou de perfectionnement dans des domaines très variés. Pour vous, cela constitue une occasion unique de rencontrer des personnes ayant les mêmes centres d'intérêt que vous. Bien peu de métiers permettent de vivre de ses passions !

Pratiquez-vous un sport auquel vous pourriez proposer une initiation à vos hôtes ? Pouvez-vous les guider en randonnée ornithologique, leur faire découvrir la flore locale ou les recoins insolites de votre ville ? Pouvez-vous mettre en place des ateliers cuisine pour partager ensemble le plaisir de préparer le repas du soir ? De façon générale, une tendance importante, celle « d'expérience » émerge depuis plusieurs années. Au-delà d'un simple hébergement, les hôtes cherchent de plus en plus à vivre des moments singuliers, uniques. Les gîtes de France, en s'associant avec la plate-forme Good Spot (good-spot.com), ou même Airbnb en proposant des « expériences », ne s'y sont pas trompés. De la simple visite commentée à l'atelier de création artisanale, les activités proposées sont nombreuses, n'hésitez pas à vous en inspirer. En fonction de vos possibilités, profitez de la tendance actuelle du « fait main » (ou DIY pour *Do it yourself*). Certains sites (voir, par exemple, la communauté doityourself.fr, wecandoo.fr ou les savoirsfaire.fr) développent des idées de mobilier ou d'objets à réaliser soi-même ou, à l'attention des amateurs, des stages de quelques heures ou quelques jours pour découvrir ou retrouver le plaisir de dire « c'est moi qui l'ai fait ! ». Que vous déteniez vous-même un savoir-faire spécifique ou que vous saisissiez l'opportunité de monter un partenariat avec un artisan local, création d'objets de maroquinerie, de bijoux, de parfums personnalisés à partir d'huiles essentielles, mais aussi stages d'apiculture, de dessin, de peinture, de poterie…, n'hésitez pas à proposer à vos hôtes ces activités qui marqueront leur séjour de souvenirs bien particuliers. Ou encore, le bien-être étant également une tendance de fond, peut-être pourrez-vous faire appel localement à un spécialiste de shiatsu, de massages aux pierres chaudes qui se rendra chez vous une fois par semaine ou à la carte, suivant les demandes. Sachez tirer profit de vos aptitudes, de vos passions[2], et/ou faire appel à des spécialistes. Dans ce dernier cas, ce sera aussi pour vous l'occasion, à ne jamais négliger, de nouer des échanges avec les professionnels de votre région qui, à leur tour, seront susceptibles de vous envoyer des clients.

Ce que vous pouvez aider à faire

Vos locataires et hôtes apprécieront que vous puissiez leur prêter ou louer du matériel pour pratiquer des activités en lien avec votre environnement. Ne pas avoir à se préoccuper de rechercher des équipements, pouvoir voyager plus léger leur apporte un confort supplémentaire qui fera pour eux toute la différence avec un autre lieu. Suivant votre situation, n'hésitez pas à investir dans :
- des vélos ;
- du matériel de pêche (cannes, épuisettes, fil, plomb, voire cuissardes…) ;
- des canots, canoës, kayaks ;
- des jumelles, bâtons de randonnée ;
- des luges, raquettes.

Il est plus difficile de prévoir des équipements tels que les skis et les bâtons, mais vous pouvez mettre à disposition un local adapté dans lequel vos locataires pourront déposer tout leur matériel et le faire sécher facilement. De même, si vous vivez sur le littoral, prévoyez un endroit où faire sécher et entreposer les combinaisons de planchiste, de surfer, etc.

2. Attention, dans le domaine du bien-être, certaines activités ne peuvent être exercées que de façon réglementée.

CÔTÉ PÊCHE

Vous êtes situé à proximité immédiate de plans d'eaux et de rivières ? Le label Clévacances a créé une sélection d'hébergements « pêche ». Pour en faire partie, vous devez mettre à disposition de vos visiteurs toutes les informations nécessaires à la pratique de ce sport : réglementation, adresses de détaillants d'articles de pêche, liste des guides de pêche, des lieux de location de pêche. (Bien entendu, vous pouvez vous-même accompagner vos hôtes, voire prêter du matériel.) Votre hébergement doit aussi abriter un local pour le stockage du matériel et le séchage, un lieu pour conserver les appâts vivants. Par ailleurs, vous pouvez également vous charger des formalités nécessaires pour que vos clients obtiennent, dès leur arrivée, leur carte de pêche. Les Gîtes de France proposent des hébergements similaires.

Prendre contact avec les acteurs du tourisme

L'été est la saison des festivals, de musique, de théâtre, d'arts de la rue, etc. : pourquoi ne pas en profiter pour proposer à vos hôtes des séjours à thème en vous retrouvant à plusieurs le soir au concert ou au théâtre ? En amont, cela suppose que vous négociiez vos tarifs auprès des organisateurs de festivités ; il existe généralement des « pass » à des tarifs de groupe dont vos visiteurs seront ravis de profiter.

Inviter des artistes

Vous disposez d'une grange que vous pouvez transformer en salle de spectacle ? D'un grand terrain où aménager un théâtre de verdure ? Pourquoi ne pas inviter des artistes à venir se produire sur place ? Concerts, pièces de théâtre, séances de contes, spectacles de cirque, le choix est vaste…

Attention, l'organisation de manifestations musicales (concert, repas dansant, etc.) est soumise à autorisation et versement de droits d'auteurs à la Sacem. Contactez votre délégation régionale, dont vous trouverez les coordonnées sur www.sacem.fr

Organisation de séminaires, de rencontres, de colloques…

Les propriétaires de châteaux ont de longue date trouvé le moyen de financer l'entretien de leur patrimoine grâce à la location de leurs salles pour des mariages ou des événements pour les entreprises. Si votre propriété s'y prête, vous pouvez vous aussi jouer cette carte en vous rapprochant des agences d'événementiel, des organisateurs de mariages (*wedding-planners*), des photographes, des traiteurs, des restaurateurs.
De façon plus courante, la clientèle de professionnels en déplacement est un créneau pouvant vous assurer des clients en dehors des périodes touristiques, durant l'année et la semaine. Soit une offre complémentaire intéressante. Le label Clévacances a, de longue date, créé une thématique « *Bed and business* » pour les accueillants possédant un hébergement situé dans une zone de services…
Que vous soyez ou non adhérent au label Clévacances, vous pouvez vous en inspirer si vous résidez à proximité (moins de 30 minutes en voiture) d'une zone d'activité importante. En plus du wifi en illimité désormais incontournable, offrez également la possibilité d'accéder à une pièce fermée et calme où vos hôtes pourront utiliser une imprimante/photocopieuse dont vous surveillerez l'approvisionnement en encre et papier, éventuellement un scanner. Bien entendu, ces services très appréciables seront payants en plus du séjour. Si vous en avez la possibilité, sachez que la clientèle de passage appréciera de pouvoir bénéficier d'une table d'hôte. Vous pouvez également proposer, uniquement à cette clientèle professionnelle, la possibilité d'arrivée plus tardive ou de départs matinaux [3].
Par ailleurs, la personne que vous recevez doit pouvoir travailler et séjourner en toute autonomie, ce qui signifie que vous lui fournirez toutes les informations en matière de prestations à domicile (blanchisserie, location de voiture, mais aussi restauration).

3. Voir à ce sujet les témoignages de La Renardais et de Bonheur & Bohême.

DEMEURES ET GÎTES DE CHARME

Confort, calme, environnement privilégié, ambiance soignée et personnalisée, le créneau charme tend à se développer notamment pour les maisons d'hôte. Qu'entend-on exactement par « charme » ? Des adresses privilégiées, dans des maisons « de caractère » ; mas traditionnels, manoirs, châteaux, mais aussi plus simplement maisons bourgeoises, fermes, dépendances aménagées, simples maisons de campagne. Quel que soit le lieu d'habitation, il se trouve valorisé par une attention particulière portée à la décoration – vieux meubles de famille, chinés ou au contraire très contemporains –, l'identité étant généralement recherchée et très soignée. L'environnement, qui assure aux hôtes une étape au calme dans un cadre privilégié (au vert, dans un petit village préservé, près d'un cours d'eau, mais aussi tout simplement dans un quartier agréable d'une grande ville), participe aussi du caractère de l'endroit. Si le créneau « charme » recouvre en général des prestations plutôt « haut de gamme », l'éventail des prix est assez large pour permettre à des publics différents d'y accéder. Nous vous invitons à aller faire un petit tour en librairie où vous trouverez de nombreux guides en la matière ; faites-vous connaître auprès de leurs auteurs. Pionnier du genre, le *Guide des maisons d'hôtes de charme*, éditions Rivages, reste l'ouvrage de référence avec une moyenne de 5 à 600 références par ouvrage, pour des tarifs à la nuitée de 50 à plus de 300 euros. Il paraît chaque année depuis trente ans. D'autres guides, tels ceux de Marie-Dominique Perrin (Hachette) ou le Gault et Millau, paraissent plus occasionnellement. Tous ces guides ont développé une version en ligne qui complète l'offre papier.

BONHEUR & BOHÈME
KARINE CAILLAT
165, chemin du Rafour
69130 Écully
Tél. : 06 28 23 90 86
http://bonheurboheme.fr

À 10 km du centre de Lyon, Bonheur & Bohème conjugue le charme d'une campagne préservée, verdoyante, entre Mont d'Or et route des vins, et l'intense activité économique du Techlid, pôle économique du Grand Lyon. C'est à Écully, petite commune proche de Lyon, qu'après bien des recherches, Karine Caillat et son mari se sont installés en famille, et que Bonheur & Bohème a ouvert en 2013.

« J'étais responsable d'une grosse agence informatique. Mais, maman de deux enfants, j'avais envie de changer de vie et de trouver une activité à exercer depuis chez moi pour me permettre de mieux concilier vie de famille et activité professionnelle. De son côté, mon mari me parlait souvent de cette idée d'ouvrir des chambres d'hôtes, dont nous étions par ailleurs utilisateurs pendant nos vacances.
Dans un premier temps, nous avons suivi une formation de deux jours chez Samedi midi éditions, un éditeur lyonnais spécialisé dans les guides touristiques de gîtes et de chambres d'hôtes et qui, à l'époque, dispensait des formations pour monter son projet d'hébergement. La formation était vraiment très intéressante et nous avait confortés dans notre idée. Mais cela ne s'est pas fait dans la foulée, loin de là. Nous habitions déjà l'ouest de Lyon et nous souhaitions rester dans cette région où nous nous sentons bien. Nous avions déjà fait le choix de nous orienter vers une clientèle de professionnels et il importait donc de rester près du Techlid.
Notre première étape fut donc logiquement de trouver une maison, nous souhaitions nous installer dans de l'existant ancien. Cela nous a pris bien plus de temps que prévu pour dénicher la maison qui nous correspondait à un prix abordable ! Et pourtant, mon mari est promoteur immobilier ! Finalement, nous avons opté pour une construction neuve, sur un grand terrain de 5 000 m²… que nous avons trouvé au bout de deux ans de recherche ! Puis il nous a fallu deux ans de plus pour finaliser l'achat et obtenir notre permis de construire, car nous voulions acheter le terrain suivant un montage juridique bien précis, qui nous aurait permis de bénéficier d'avantages fiscaux. Mais les trois-quatre banques que nous avons consultées ne nous ont pas suivis.

Au final, nous avons créé une SARL, puis une SCI d'attribution, ce qui, par la suite, nous a permis de récupérer la TVA sur les travaux.
Enfin, les travaux de construction de la maison, de la piscine, l'aménagement de la propriété nous ont pris quasiment un an supplémentaire. En somme, pas loin de cinq ans à partir du moment où nous avons lancé le projet !

La maison est construite en forme de U. C'est donc une construction neuve, mais nous l'avons décorée et aménagée de telle manière que, pour beaucoup, il s'agit d'une maison ancienne de style toscan ! Les modénatures des fenêtres rappellent notamment les bâtiments du vieux Lyon, lui aussi très imprégné d'esprit florentin. Charme de l'ancien, certes, mais pour autant, pas question de se passer de la technologie contemporaine ; avec notre chauffage au sol et notre eau chaude obtenus par chaudière à pellets bois (système qui permet aussi de chauffer la piscine en été), nos brise soleil orientables, nous sommes classés bâtiment basse consommation (BBC). En plus d'être économique, cela nous a aussi permis de bénéficier de 20 % de surface hors œuvre nette (SHON) dans notre permis de construire.

Entretemps, j'avais d'abord changé de poste, puis cessé de travailler en 2009, avant la naissance de notre troisième enfant. Étant demandeuse d'emploi, j'ai bénéficié d'une formation de trois mois à la création d'entreprise auprès de Pôle emploi. Une formation de qualité, au cours de laquelle j'ai notamment rencontré notre expert-comptable et notre courtier en assurance. Je suis également resté en lien avec les autres stagiaires de la formation, cela me fait un réseau de connaissances non négligeable. Et puis c'est assez plaisant de retourner apprendre : comptabilité, communication, beaucoup de cours me sont très utiles dans mon activité à présent. Et surtout, j'ai été bien accompagnée pour la rédaction de mon business plan.

Bonheur & Bohème a ouvert à l'été 2013.
Cette grande maison est partagée entre notre habitation familiale et la maison pour les hôtes ; les deux parties ne communiquent pas pour nous assurer une séparation claire des deux espaces. Je me rends dans la partie « hôte » en passant par la terrasse extérieure. Pour Bonheur & Bohème, nous disposons de quatre chambres et d'un studio donnant accès à une cuisine équipée privée (le Studio lillois pour rappeler mes origines !). Au total, nous pouvons accueillir onze adultes et nous mettons à disposition 2 lits bébé et une banquette lit pour un enfant dans l'une des chambres. Une grande cuisine, une terrasse, un salon, et une salle de séminaire sont également à disposition des hôtes.

En semaine, nous fonctionnons sur le principe de la chambre d'hôte, avec des réservations chambre par chambre. En week-end et pendant les vacances, l'ensemble se loue sous forme de gîte. Nous avons mis en place cette organisation pour préserver notre vie de famille (et ma santé !). Ce n'est pas évident de se lever tous les jours pour préparer le petit-déjeuner des hôtes, avant de faire déjeuner les enfants et de les préparer pour l'école (notre fille aînée prend seule le car, mon mari emmène les deux petits). Avec la formule gîte, je n'ai pas à faire les petits-déjeuners, les hôtes ayant accès à la cuisine. De plus, pour ceux qui viennent en long séjour, cela leur permet de se faire à manger sur place, sans avoir à se rendre au restaurant. Je ne propose pas de table d'hôte, car cela représente énormément de travail. En revanche, lorsque les hôtes me le demandent à l'avance, je prévois des plateaux repas pour leur éviter d'avoir à sortir, et s'ils n'ont pas envie de se faire à manger. À 15/20 euros pour un plat, une assiette de fromage, un dessert et du vin, c'est souvent très apprécié.

À l'extérieur, les hôtes peuvent profiter de la terrasse, se promener dans le jardin, se relaxer dans et autour de la piscine, un bassin de nage à débordement, long de 20 mètres avec vue sur le Bois de Serres voisin.

L'activité fonctionne en SARL ; mon mari, qui possède sa propre activité professionnelle par ailleurs, est gérant de la structure. Je suis salariée de la SARL, de même que la jeune femme que nous employons depuis trois ans pour m'aider à l'entretien des lieux. Elle vient trois heures par jour, cinq jours par semaine. C'est une base, adaptée en fonction de l'occupation des lieux. Lorsque nous n'avons pas ou peu d'hôtes, par exemple en janvier, si elle ne récupère pas des heures supplémentaires, elle m'aide pour du ménage de fond ou des travaux d'entretien et de décoration. Parfois, en été, elle accueille et assure les départs des hôtes venus en gîte, même si en général, nous essayons de faire coïncider nos congés avec les locations de nos hôtes. Notre comptable édite les fiches de paie, ce qui me soulage car la comptabilité de la SARL me prend déjà pas mal de temps.

Dans mon business plan, j'avais estimé un taux de remplissage à 25 % pour le démarrage. Or, dès la première année, j'étais déjà à 50 % ! Et cette année, la quatrième, j'en suis à 60 %. Je ne souhaite pas aller au-delà, car, avec mes enfants, le travail que les chambres/gîte occasionnent, c'est une activité plus qu'à plein temps ! Sans compter que nous élevons aussi deux chevaux !
Notre clientèle est donc essentiellement professionnelle pendant la semaine, car le Techlid est un pôle économique de Lyon très dynamique : banque, assurance, commerce… Surtout, beaucoup de nos hôtes

viennent suivre ou donner des formations, dans des domaines très variés : management, ingénierie, informatique, industrie, et surtout, pour notre plus grand plaisir, à l'Institut Paul Bocuse ! Ils nous en rapportent alors de somptueux gâteaux !
En week-end et en vacances, nous accueillons davantage de familles, parfois pour de grandes réunions, ce que permet le nombre de chambres que nous offrons.

La communication représente une bonne part de mon activité. Je m'efforce de soigner mon référencement pour être présente sur les moteurs de recherche. Mais leur fonctionnement est assez opaque, en tapant "Chambre d'hôte + Lyon", je peux apparaître un jour en première page, avant même des chambres d'hôte lyonnaises, ou, à l'inverse, loin derrière alors que l'on a demandé « chambre d'hôte + région de Lyon ». Allez comprendre… Il faut constamment réfléchir et réactualiser les mots clés que l'on utilise sur son site. La gestion et la mise à jour du site représente d'ailleurs ma priorité, même si je suis aussi inscrite sur une centaine d'annuaires en ligne : Booking, Expédia, Abritel… Ces sites ont l'avantage de permettre des promotions rapides quand, par exemple, le taux de remplissage est un peu en berne. Bien souvent, les gens reviennent ensuite en direct. Et, c'est de bonne guerre, je me suis aussi inscrite sur Airbnb ! En 2015, j'ai bien senti la concurrence quand cette plateforme s'est développée. C'est un peu dur de se dire que des particuliers, loin d'avoir les mêmes frais que nous, attirent une partie de notre clientèle ! Alors après tout, si je peux en bénéficier, pourquoi m'en priver ? Cela représente environ 10 % de mes réservations. Et l'avantage de cette plateforme, c'est que si les hôtes nous donnent des notes, nous pouvons, à notre tour, les noter. Contrairement à TripAdvisor, ou Booking.com où seuls les clients donnent leurs commentaires. En général, je suis bien notée, mais il suffit d'une note de 6, alors que l'on a une moyenne de 9,4 pour tout faire dégringoler ! C'est parfois rageant, au début cela me mettait dans tous mes états ! Ensuite, j'ai appris à repérer, pendant leur séjour, les hôtes susceptibles d'avoir la dent dure, et à désamorcer par un petit cadeau, une petite attention… Et, s'il y a de mauvais commentaires, je donne toujours ma version de ce qui s'est passé, en restant très polie et professionnelle. Mais il est certain que cela ajoute un stress supplémentaire !
Je suis aussi très active sur les réseaux sociaux, et sur le réseau LesCoGîteurs (voir p. 193), auquel je contribue fréquemment. Cela me permet de faire connaissance (même virtuellement) avec d'autres propriétaires, de discuter de nos problématiques, de notre quotidien. On se sent moins seul dans son coin, c'est vraiment précieux.

Toujours pour communiquer sur mon activité, je suis aussi allée me présenter directement aux différents centres de formation du Techlid, dont la plupart m'ont référencée dans les propositions d'hébergement qu'ils remettent aux stagiaires. Je reçois beaucoup de demandes par ce biais, et après, le bouche à oreille fonctionne très bien.
Enfin, je suis aussi labellisée Gîtes de France, 3 épis. Je pouvais bénéficier des 4 épis, mais cela relevait la taxe de séjour. Les gîtes de France m'ont aussi inscrite dans leur catégorie City Break, qui correspond à la clientèle pro. Au départ, j'avais reçu une subvention du département à la condition de rester pendant dix ans sous un label. Le premier que j'avais choisi ne m'ayant apporté aucune réservation en trois ans d'activité, j'ai pu changer de label, ce qui a été fait il y a trois mois. J'ai reçu une réservation par leur intermédiaire depuis ce changement, j'attends de voir ce que cela va donner.

Cette activité d'hébergement est vraiment très prenante et le risque est souvent de se laisser déborder ; il n'est jamais simple de séparer sa vie privée de sa vie professionnelle lorsque celle-ci consiste à accueillir des personnes dans sa maison, aussi segmentée soit-elle. Il n'est pas rare que les apéros s'étirent, alors que le lendemain, nos enfants ont école et qu'il faudrait les coucher… Mais c'est justement parce que nous aimons rencontrer des gens venus de partout, découvrir des cultures, des habitudes de vie différentes, faire découvrir notre région, que ce métier est aussi passionnant et enrichissant ! »

4. Bien préparer son projet

Bien préparer son projet exige une réflexion approfondie que vous pouvez mener en rencontrant d'autres propriétaires et en consultant les organismes de votre région spécialisés sur le tourisme. Pensez également aux dispositifs qui vous permettent de vous donner le temps de réfléchir à votre projet et n'hésitez pas, le cas échéant, à suivre une formation.

Les acteurs ressources

Il est important d'identifier, dès le début de votre réflexion, les acteurs du tourisme auprès desquels trouver l'information nécessaire à la construction de votre projet.

ADN Tourisme
Créé en mars 2020, ADN Tourisme regroupe trois fédérations institutionnelles du secteur : Offices de tourisme de France, Tourisme et Territoires et Destinations Régions. Soit les échelons territoriaux métropolitains et ultramarins ; offices de tourisme, agences de développement touristique, comités régionaux et départementaux du tourisme.
La fédération a pour objectif de proposer à ses adhérents une offre de services et une expertise du secteur. Pour les particuliers porteurs de projet, le site offre de nombreuses et très utiles informations sur l'actualité du secteur : adn-tourisme.fr

Comités régionaux, départementaux et offices de tourisme
Ces structures locales sont de précieux interlocuteurs pour vous accompagner dans le montage de votre projet, puis pour vous apporter une visibilité au sein du réseau des professionnels de l'hébergement touristique. Chargés de valoriser l'offre touristique du secteur dont ils relèvent (département ou commune, et communauté de communes), leur expertise vous permettra de bénéficier d'un accompagnement concret, notamment en matière de positionnement et de démarches à effectuer. N'hésitez pas non plus à les consulter concernant le choix de votre label.
Vous trouverez facilement leurs coordonnées en ligne.

Agence Atout France
Atout France, agence créée par l'État, est « chargée d'assurer le développement du tourisme et de l'ensemble de ses acteurs ». Cette agence a notamment pour mission d'aider au développement

des activités touristiques et à leur commercialisation, de centraliser l'information concernant le secteur touristique, et de proposer un programme de formations. Vous pourrez trouver sur le site d'Atout France des informations et formulaires concernant les formalités d'installation, de déclaration, de classement : www.atout-france.fr

Se donner le temps

Comme tout projet professionnel, et quel que soit le statut que vous souhaitiez adopter pour cette activité, il est important de soigneusement préparer l'installation de vos hébergements.

Si vous êtes encore salarié, que vous souhaitiez changer radicalement d'activité ou ouvrir vos hébergements en continuant d'exercer votre profession, n'hésitez pas à questionner votre projet en utilisant les dispositifs auxquels vous avez droit. La préparation d'un gîte est généralement assez longue, entre un an et dix-huit mois ; par la suite, la rentabilité n'est pas assurée avant au moins la troisième année. Il est donc important de se donner le temps de réfléchir posément à l'ensemble du projet.

PRÉPARER SON PROJET : SE DONNER LE TEMPS DE LA RÉFLEXION

Si vous êtes salarié, vous pouvez, sous certaines conditions, accéder à des congés vous permettant de réfléchir à votre projet et, le cas échéant, de réintégrer votre entreprise si votre projet ne vous semble pas assez abouti.
Congé sabbatique de six à onze mois ou congé sans solde, les modalités sont à négocier avec votre employeur. Ces deux congés ne sont pas rémunérés, mais peuvent être financés par un compte épargne temps si votre entreprise a mis en place ce dispositif.
Selon la taille de votre entreprise, votre ancienneté, vous pouvez aussi bénéficier d'un congé pour création ou reprise d'entreprise, d'une durée d'un an maximum, renouvelable une fois.
Pensez aussi au bilan de compétences, qui permet d'y voir plus clair dans vos motivations de changement, et de prévoir des formations pour les compétences que vous avez besoin d'acquérir.
Vous devez, suivant les cas, justifier d'une activité professionnelle de trois à six ans, avec au moins deux à trois ans au sein de votre entreprise. Par ailleurs, votre employeur peut vous demander de différer votre congé de six mois. Les demandeurs d'emploi indemnisés peuvent eux aussi bénéficier d'un bilan de compétences, ou encore des modules d'accompagnement à la création d'entreprise proposés dans toutes les agences Pôle Emploi.

Votre préparation passe aussi par une phase approfondie de documentation et de recherches. Consultez les organismes spécialisés sur le tourisme (comités départementaux de tourisme, syndicat d'initiatives, mais aussi mairie, organismes consulaires, EPCI*, etc.), ainsi que les différents labels auxquels vous pouvez adhérer ; ils sont généralement très à l'écoute des futurs propriétaires et sauront vous aider à préciser votre projet.

N'hésitez pas non plus à partir à la rencontre de vos futurs confrères et consœurs ; faites-vous connaître, expliquez-leur votre projet, vous en rencontrerez certainement qui accepteront de partager leur expérience avec vous.

*EPCI : Établissement public de coopération intercommunale. Il s'agit notamment des communautés de communes, communautés d'agglomération, communautés urbaines.

Suivre une formation

Salarié, travailleur indépendant ou demandeur d'emploi, plusieurs dispositifs vous permettent de suivre des formations. Gestion, comptabilité, langue étrangère, cuisine, contraintes sanitaire, compétences sportives, informatique et Internet… Se former à une compétence que l'on maîtrise mal, se remettre à niveau ou faire valider une compétence par un diplôme, c'est aussi mettre toutes les chances de son côté. Nous l'avons vu, tenir un hébergement exige de nombreuses compétences et requiert un investissement très lourd en termes de temps et d'énergie. Ne négligez pas une compétence qui pourrait vous faire défaut lorsque votre activité sera lancée, il vous sera alors beaucoup plus difficile de trouver le temps de vous former.

Pour les salariés

Le compte personnel de formation : les salariés bénéficient d'un compte personnel de formation (CPF) dès leur entrée dans la vie active et jusqu'à la retraite. Ce dispositif permet de cumuler des crédits de formation. Au cours des périodes de chômage, les heures de formation restent utilisables.
Désormais, les formations recevables dans le cadre du CPF doivent déboucher sur l'obtention d'une qualification. Elles sont répertoriées sur www.moncompteformation.gouv.fr, site consacré à la formation continue.
Concrètement, avant de vous lancer dans votre projet de création d'un gîte ou d'une chambre d'hôte, utilisez vos heures de CPF pour vous mettre à jour sur certaines compétences, ou en acquérir de

nouvelles, en particulier en gestion et comptabilité. Une fois installé à votre compte, vous aurez moins de temps (et de financements !) pour vous remettre à niveau.

Le Compte personnel de formation - Projet de transition professionnelle (CPF-PTP) : est un congé de formation permettant de se former pour changer totalement de métier.
Soumis à conditions d'ancienneté, ce congé peut être mené pendant ou en dehors des heures de travail.
En fonction de votre situation, votre rémunération, vos frais pédagogiques et frais annexes peuvent être pris en charge, pour tout ou partie.

▶ **Renseignements :** les commissions paritaires interprofessionnelles régionales (CPIR), prochainement rebaptisées « Transitions pro » sont en charge du CPF-PTP. En entrant CPIR ou Transition pro + le nom de votre région sur un moteur de recherche, vous accéderez à l'organisme dont vous relevez. Vous pouvez aussi contacter le Fongecif dont dépend votre entreprise.

Pour les demandeurs d'emploi

Votre agence Pôle Emploi vous indiquera les aides dont vous pouvez bénéficier pour financer votre formation.

Pour les travailleurs indépendants

Les travailleurs non salariés bénéficient eux aussi de droits à la formation professionnelle, dès lors qu'ils sont à jour de leurs cotisations. Suivant votre activité, adressez-vous aux organismes suivants :

• Professions libérales
▶ **Fonds interprofessionnel des professionnels libéraux,** 104, rue de Miromesnil, 75384 Paris cedex 08. Tél. : 01 55 80 50 00. Internet : www.fifpl.fr

• Commerçants
▶ **Association de gestion du financement de la formation des chefs d'entreprise :** les points d'accueil de l'association sont généralement situés dans les chambres de commerce et d'industrie. Internet : www.agefice.fr

• Artisans
▶ **Fonds d'assurance formation des chefs d'entreprises artisanales.** Les points d'accueil sont généralement situés dans les chambres de métiers.

• Agriculteurs non salariés

▶ **Vivea, Fonds pour la formation des entrepreneurs du vivant,** 81, boulevard Berthier, 75017 Paris. Tél. : 01 56 33 29 03. Internet : www.vivea.fr

Où se former ? À quelles compétences ?

Vous accéderez à l'essentiel des formations directement liées à l'ouverture de gîtes et de chambres d'hôte en vous rapprochant de votre comité départemental de tourisme, ou de l'agence de développement du tourisme. Ces organismes, qui ont pour mission de structurer et de développer l'offre touristique, organisent ponctuellement des formations courtes et/ou des séminaires à l'attention des créateurs d'hébergement, ou peuvent vous orienter vers un référent qui vous aidera à structurer votre projet. Pensez également à vous rapprocher de votre chambre de commerce et d'industrie, ou de votre chambre d'agriculture : leurs conseillers chargés de la création d'entreprise ont pour mission d'accompagner les porteurs de projet et leur connaissance du territoire vous sera précieuse.

Suivre une formation permet de confronter son projet à la réalité du terrain, de mieux le structurer, de bénéficier du regard et de l'expertise de vos formateurs, qui sont des professionnels du secteur et vous apportent donc une réflexion constructive. Par ailleurs, c'est aussi l'occasion de rencontrer et d'échanger avec vos futurs confrères et consœurs, mais également de rencontrer les interlocuteurs auxquels vous aurez affaire : administrations locales, organismes du tourisme, préfecture, services sanitaires, etc. Autant d'éléments qui vous permettront de mieux structurer votre projet, de le professionnaliser, et, notamment, de mieux convaincre vos futurs partenaires financiers.

Les formations au tourisme rural

Quelques centres de formation professionnelle et de promotion agricole (CFPPA) proposent des certificats de spécialisation en tourisme vert. Outre la définition de votre projet d'implantation, ces formations courtes (quelques semaines ou mois) vous permettront d'acquérir des compétences pour concevoir des prestations d'animation (proposer une spécialisation telle que la randonnée, la découverte de la nature…) et commercialiser efficacement votre hébergement.

▶ **Renseignements :** liste des CFPPA et de leurs formations disponibles sur : www.educagri.fr (page « Formation/formation continue »). À la rubrique « niveau de formation », indiquez « niveau IV,

Seconde, première, terminale », puis consultez les formations CS/tourisme vert, accueil et animation en milieu rural.

Le centre de formation professionnelle et de promotion agricole (CFPPA) de Poitiers-Venours a pour mission de délivrer aux adultes une formation qualifiante ou une capacité spécifique dans les domaines liés à l'agriculture et aux travaux publics. Il propose un Certificat de spécialisation « Tourisme vert, accueil et animation en milieu rural », d'une durée de six mois. La formation de 900 heures alterne les séances en centre de formation et en entreprise (340 heures de stage sont comprises dans le cursus).
▶ **Renseignements :** EPLEFPA de Poitiers-Venours, CFPPA de Venours, 86 480 Rouillé. Tél. : 05 49 43 95 33.
E-mail : cfppa.venours@educagri.fr
Internet : www.venours.fr

L'Afrat, le Centre de formation professionnelle et d'accompagnement aux métiers du tourisme rural d'Autrans, propose des modules de formation d'une durée de quelques jours à plusieurs mois. Ces formations sont adaptées aux problématiques des propriétaires de gîte ou de chambres d'hôte et recouvrent des spécialités très variées : permis cuisine de pays, hygiène alimentaire, permis accompagnateur de randonnées nature, spécialisation en tourisme naturaliste, bureautique, Internet... À noter, une formation spécifique sur la création d'activité en milieu rural.
Ces formations bénéficient de l'agrément formation de la Direction régionale du travail, de l'emploi et de la formation professionnelle. Elles sont prises en charge par le Fongecif pour les salariés, par l'État pour les demandeurs d'emploi, par les fonds d'assurance formation pour les professions libérales. Elles peuvent s'inscrire dans le cadre d'un Dif.
▶ **Renseignements :** Afrat, 38880 Autrans. Tél. : 04 76 95 35 08.
Internet : www.afrat.com

Les labels (Gîtes de France et Clévacances notamment) peuvent aussi proposer des sessions de formation à leurs adhérents.
Pensez aussi à vous rapprocher de votre comité départemental de tourisme : nombreux sont ceux qui proposent un accompagnement aux porteurs de projets. Enfin, le magazine (en ligne et papier) *Accueillir* propose également des modules de formation à la création/ouverture de gîtes et de chambres d'hôtes : accueillir-magazine.com

Les formations « généralistes »

Comptabilité, gestion, droit, langues étrangères, Internet et bureautique... De nombreux centres proposent des formations à ces compétences plus générales. De la découverte à la remise à niveau, vous pourrez adapter la durée de formation à votre niveau de connaissances.
Plusieurs structures peuvent répondre à vos besoins dans ces domaines. Rapprochez-vous de votre Fongecif ou de l'OPCA chargé de votre formation continue. Contactez, selon votre activité, votre chambre de commerce et d'industrie, votre chambre de métier ou votre chambre d'agriculture. Contactez également l'Afpa (Association nationale pour la formation professionnelle des adultes).
▶ **Contact :** Afpa, 13, place du Général-de-Gaulle, 93108 Montreuil Cedex. Tél. : 01 48 70 50 00. Internet : www.afpa.fr

Tous ces organismes proposent également des formations à la création ou reprise d'entreprise, qui permettent d'aborder toutes les compétences liées à l'exercice d'une activité en indépendant.
▶ **Renseignements :** un site Internet pour vous aider à trouver un centre de formation : orientation-pour-tous.fr (portail créé par l'État, les régions et les partenaires sociaux).

Les formations à l'animation

Vous pratiquez un sport depuis de nombreuses années, mais vous souhaitez acquérir un diplôme vous permettant d'encadrer des personnes débutantes ou confirmées ? Vous possédez une bonne connaissance de votre environnement et désirez acquérir le titre d'animateur en tourisme rural et activités de pleine nature ? Faites reconnaître vos compétences par un brevet d'animateur. Actuellement, la formation à l'animation est un secteur en pleine réorganisation. Le BP Jeps, brevet professionnel de la jeunesse, de l'éducation populaire et du sport, permet d'encadrer les activités physiques d'une ou plusieurs spécialités sportives. 15 spécialités sont actuellement possibles, parmi lesquelles activités nautiques, activités équestres, cirque, randonnée, pêche de loisir, etc. Ce diplôme de niveau bac est également accessible par le biais de la VAE.
▶ **Renseignements :** pour les lieux de formation, contacter la Direction de la jeunesse, des sports et de la cohésion sociale de votre département. Liste des DDJS sur www.sports.gouv.fr

Les labels d'hébergement de tourisme proposent régulièrement des sessions de formation à leurs adhérents sur des thèmes aussi variés que la cuisine et les contraintes sanitaires, la décoration intérieure ou d'extérieur, l'accueil des visiteurs, les aspects juridiques de l'activité de gîte, etc. Au sein d'un même label, ces formations diffèrent d'un département à l'autre, n'hésitez pas à questionner vos interlocuteurs avant de déposer votre dossier d'inscription. Enfin, localement, vous pouvez trouver auprès de votre mairie ou des associations des cours de cuisine, de bricolage, de jardinage qui pourront vous donner un petit coup de pouce nécessaire pour votre quotidien d'accueillant.

LES PREMIERS SECOURS

Même si ce n'est pas une obligation légale pour accueillir du public, nous vous conseillons très fortement de suivre une formation aux premiers secours civiques de niveau 1 (le fameux PSC1). En cas d'accident, de malaise ou de toute autre situation d'urgence vitale, il est fondamental que vous puissiez effectuer les gestes qui permettront de sauvegarder la personne en attendant la venue des personnels de secours adaptés.
La formation PSC1 se prépare dans les centres de la Croix-Rouge (www.croix-rouge.fr), dans les services départementaux d'incendie et de secours (SDIS : coordonnées disponibles en ligne : www.sdisXX.fr, où XX représente le numéro de votre département) ou auprès d'associations sportives, de sauvetage en mer ou en montagne. Votre mairie peut également vous indiquer des centres de préparation.
Pensez aussi aux formations « spécialisées » consacrées aux publics plus vulnérables que peuvent être les tout-petits, les personnes âgées et/ou handicapées.
Enfin, l'actualité récente a hélas montré la nécessité de savoir réagir en cas de situations d'urgence touchant un grand nombre de personnes (attentats, catastrophes naturelles). Le ministère de l'Intérieur a ainsi mis en place un portail permettant d'accéder aux formations de premiers secours, étendues aux situations exceptionnelles. D'une durée plus réduite (2 heures) que le PSC1, ces formations sont gratuites. (http://www.interieur.gouv.fr/A-votre-service/Ma-securite/Les-gestes-qui-sauvent).

Garder les pieds sur terre et se montrer vigilant

Activité principale ou activité d'appoint ?

Nous le verrons, la décision de monter un hébergement touristique ne se prend pas à la légère et requiert une solide préparation. Lors de cette phase de préparation, ne péchez pas par excès d'optimisme et montrez-vous le plus réaliste possible. Comme pour toute entreprise, vos hébergements risquent de ne pas être rentables

avant trois ans. Il faut d'abord amortir le coût des travaux, voire de l'achat de la maison avant de commencer à dégager des bénéfices. N'oubliez pas non plus que toute activité touristique comporte sa part d'aléas (météo, actualités, grève des transports, etc.).
Une fois déduits tous les frais de création et de fonctionnement, rapporté au temps passé, la plupart des propriétaires de gîtes estiment difficilement pouvoir se payer au-delà du Smic…
Un réalisme qui pousse la plupart des propriétaires à adopter une attitude très prudente. Dans la majorité des cas, le conjoint conserve son activité professionnelle et, bien souvent, la personne qui s'occupe directement des gîtes continue d'exercer une autre activité à mi-temps ; c'est par exemple le cas des agriculteurs, lorsque l'un des deux conjoints consacre une partie de son temps à l'activité touristique. Dans d'autres secteurs, certains salariés ont la possibilité de se mettre au télétravail, tandis que d'autres parviennent à négocier un temps partiel auprès de leur employeur. Exercer deux activités ne peut s'envisager que si vous avez la certitude qu'aucune ne débordera de façon intempestive sur l'autre. Cela exigera de votre part une organisation très rigoureuse et des qualités d'anticipation. Pas question que vos hôtes vous appellent plusieurs fois sur votre lieu de travail parce que vous n'avez pas préparé leur panier-repas, ou que vous avez oublié de leur dire où se trouvaient les cannes à pêche. De la même façon, assurez-vous qu'un collègue ne vous sollicitera pas pour un dossier urgent au moment où vous animerez un stage de cuisine pour une dizaine de personnes que vous hébergez.

Estimer ses revenus

Comme pour toute création d'entreprise, une estimation de vos revenus est nécessaire pour vous permettre d'anticiper le développement de votre activité et l'investissement nécessaire à son lancement.
Au cours de votre phase de préparation, interrogez votre comité départemental ou régional de tourisme pour acquérir une bonne visibilité sur les revenus que vous pouvez raisonnablement prévoir. D'une région à l'autre, en fonction de votre emplacement et de la clientèle fréquentant votre territoire, les tarifs pratiqués et durées de location évoluent. Prenez en compte la réalité de votre environnement pour construire votre offre, même dans le cas où vous souhaitez vous en démarquer radicalement.

Durée moyenne de location d'un meublé de tourisme ou d'une chambre d'hôte
Quelle est-elle dans votre région ? Correspond-elle à ce que vous souhaitez investir en termes de temps ? Quelle est la répartition généralement observée dans l'année ? Quelles sont les périodes de haute ou basse saison ? Concernant les touristes eux-mêmes, quelle est la durée moyenne de leur séjour ?

Panier moyen des touristes
Combien ces touristes dépensent-ils en moyenne pour le poste hébergement ?
Quelle est la politique tarifaire des autres hébergements de votre environnement direct ? Avec quelle échelle de prix en fonction de la qualité du logement proposé ?

Ces éléments vous aideront à affiner le revenu que vous pouvez raisonnablement anticiper. Vous les compléterez en calculant votre seuil de rentabilité (voir p. XX) lorsqu'il s'agira plus précisément de prévoir vos investissements.

Généralement, sachant que le taux de remplissage est rarement optimal avant la troisième année et en comptant le caractère saisonnier (et donc aléatoire) de cette activité, ainsi que les éventuelles annulations de dernière minute (mieux vaut être prudent), il apparaît difficile d'espérer retirer un revenu confortable, voire suffisant à faire vivre une famille à partir de cette seule activité. Les personnes interrogées ont d'ailleurs toutes cumulé plusieurs activités en parallèle avec la location d'hébergements, ou attendu la retraite pour ouvrir leur maison aux visiteurs.

CHECK-LIST

AVANT DE SE LANCER, LES BONNES QUESTIONS À SE POSER

Vous-même

- ✓ Sens de l'accueil, patience, disponibilité, résistance au stress, rigueur... : possédez-vous toutes les qualités humaines requises pour exercer cette activité ?
- ✓ Êtes-vous prêt à assumer toutes les tâches nécessaires : ménage, courses, décoration, cuisine, jardinage, bricolage... ?
- ✓ Êtes-vous curieux des centres d'intérêt de votre région ?

Votre entourage

- ✓ Votre conjoint(e) est-il/elle partie prenante dans le projet d'accueil ? Dans quelle mesure ?
- ✓ Avez-vous pris la mesure de l'impact de cette activité sur votre vie familiale ?
- ✓ Vous-même ou votre conjoint(e) allez-vous continuer d'exercer une autre activité professionnelle ?

Votre hébergement

- ✓ Quel type d'hébergement allez-vous créer ?
- ✓ Est-il adapté à votre disponibilité ?
- ✓ Est-il adapté à la configuration des lieux ?
- ✓ Avez-vous étudié la concurrence, ce qui existe déjà autour de vous ?
- ✓ Quelles conclusions en avez-vous tiré pour personnaliser votre hébergement ?

Votre préparation

- ✓ Quel temps avez-vous consacré à votre préparation ?
- ✓ Vous êtes-vous fait accompagner pour définir votre projet ?
- ✓ Avez-vous décelé chez vous des besoins de formation ?
- ✓ Prévoyez-vous ou avez-vous déjà suivi une formation ?
- ✓ Avez-vous déjà une idée de la rentabilité de vos hébergements ?

LA MAISON DE LA MARE
HÉLÈNE ET ALBERT ROBO
Kerscouët, 56270 Ploemeur
Tél. : 02 97 82 81 38
www.hotes-gites.com

Deux chambres d'hôte pour deux et deux à quatre personnes, deux gîtes pour quatre à six personnes

Une longue route toute droite traverse la campagne pour relier la ville de Ploemeur au bord de mer. Au lieu-dit de Kerscouët, un petit chemin part sur la gauche. Tout au bout, une maison se niche dans la luxuriance paisible d'un jardin breton. Les camélias viennent de céder la place aux hortensias, le feuillage des arbres bruisse légèrement au-dessus d'un petit plan d'eau, l'air est doux. Avec simplicité et gentillesse, Albert et Hélène nous racontent comment ils se sont pris au jeu de la maison d'hôte.

« Nous n'aurions peut-être jamais ouvert notre maison d'hôte si, en 1994, Albert, alors chef des ventes dans le secteur automobile, ne s'était brutalement retrouvé au chômage. Difficile de retrouver du travail à 50 ans. Il fallait finir de payer la maison, et financer les études supérieures de nos deux enfants sur le seul salaire d'enseignante d'Hélène ; le coup était rude. Ouvrir une chambre d'hôte nous a alors semblé le moyen le plus simple de générer un second revenu, tout en tirant parti de notre patrimoine. Il faut dire que notre maison s'y prête bien, elle est originale et agréable à vivre ; lorsque nous l'avons conçue, au début des années 1980, nous étions assez précurseurs, car nous avions misé sur le bioclimatique. Panneaux solaires, plancher chauffant alimenté par une pompe à chaleur, larges baies ouvertes sur le jardin… Mais surtout, nous disposions au rez-de-chaussée d'un véritable appartement totalement autonome : notre propre chambre, avec une salle de bains et des toilettes, le tout séparé de la pièce à vivre par une porte et un petit sas d'entrée. C'est donc là que nous avons créé notre première chambre d'hôte. Chineurs et bricoleurs de longue date, passionnés par la décoration, nous avons rapidement aménagé les lieux : nous avons tout de suite obtenu le niveau trois clés du label Clévacances. »

L'adresse, idéalement située, très au calme et à quelques centaines de mètres des plages, est vite repérée par les amoureux du Morbihan, et même si les premiers temps passés à attendre les visiteurs leur paraissent un peu longs, l'accueil des hôtes prend rapidement de l'ampleur.

« Dans les premiers temps, il faut être présent au maximum, même s'il y a des périodes de creux dans les réservations. Longtemps, nous avons dû faire une croix sur nos propres vacances et week-ends, car de plus, nous avions décidé d'ouvrir toute l'année. Puis, peu à peu, nous avons vu revenir régulièrement une clientèle d'habitués (qui représente environ 30 % des nuitées) et nous avons aménagé les chambres de l'étage, qui peuvent accueillir de quatre à six personnes. Aujourd'hui, les chambres sont louées entre 150 et 180 nuitées par an. En 2007, après trois ans de travaux, nous avons ouvert nos deux gîtes, d'une capacité de quatre et six personnes. »

Albert s'occupe seul des chambres jusqu'en 2004, année de la retraite d'Hélène. *« Durant l'année scolaire, le rythme n'était pas trop difficile à tenir. Au début des vacances, je soufflais quelques jours avant de me mettre à l'aider. Il faut une solide organisation pour faire les courses, préparer les petits-déjeuners des hôtes tôt le matin, nettoyer et ranger les chambres dans la journée lorsque les suivants arrivent, changer la literie et le linge de toilette. Sans compter l'entretien du jardin (le terrain mesure 3 500 mètres carrés), et du potager. Lorsque les hôtes se succèdent, l'activité devient vite intense ; certaines semaines, entre les chambres et les locations de linge pour les gîtes, j'enchaîne facilement huit heures de repassage ! Réfection, rénovation, bricolage, décoration, ménage : nous avons toujours tout fait nous-même. »*

En 2004, Albert entreprend la construction d'une deuxième maison. Des fondations à la toiture, il réalise tous les travaux lui-même. Au bout de trois ans, une élégante maison de bois, spacieuse et lumineuse, accueille deux gîtes de quatre et six personnes. Excellent bricoleur et fin négociateur, Albert s'en sort avec un budget de 120 000 euros, construction, équipement et ameublement compris !
Aujourd'hui, les chambres génèrent un chiffre d'affaires de 7 500 euros environ. Quant aux gîtes, ils rapportent 10 000 euros dès la première année, et devraient à terme atteindre 15 000 euros.

« Nous exerçons en non professionnels, mais nous nous donnons sérieusement les moyens de nous développer. Nous assurons notre promotion grâce à notre site Internet, conçu par notre gendre et pour lequel un ami photographe a réalisé de belles prises de vue des maisons. Nous sommes également présents sur le site de la communauté de communes de Lorient et sur plusieurs sites d'annonces

d'hébergements. Mais pour nous, il s'agit clairement d'une activité secondaire, voire tertiaire. Les revenus sont aléatoires, cette année, nous avons par exemple observé une diminution du nombre des nuitées en chambres, due, semble-t-il, à la concurrence des camping-cars ! Il est tout à fait primordial que l'un des deux conjoints conserve une activité professionnelle. D'un point de vue financier, il est quasiment impossible de s'y retrouver s'il s'agit de la seule source de revenus. Par ailleurs, il faut être détendu lorsque l'on accueille des gens chez soi. La sérénité fait partie de ce métier ; or, si vous êtes préoccupé par vos soucis financiers, vos relations à vos hôtes s'en ressentiront forcément. Au début, lorsque nous nous sommes lancés, c'était vraiment pour générer le deuxième revenu dont nous avions besoin, tout en ayant la sécurité du salaire d'Hélène. Nous pensions arrêter une fois la maison payée et lorsque les enfants auraient fini leurs études. Mais très vite, nous nous sommes pris au jeu : nous avons tous deux exercé des métiers où le contact est important, nous éprouvons un réel plaisir à rencontrer sans cesse des gens nouveaux et, maintenant, c'est difficile de s'en passer ! Nous adorons recevoir du monde, chaque nouvel arrivant est une véritable surprise, en particulier les étrangers, c'est vraiment une activité passionnante et enrichissante. Certains de nos hôtes deviennent des amis, et nous sommes souvent invités à venir chez eux. Et cela nous permet aussi d'exercer notre goût pour la décoration et l'aménagement. Partager notre art de vivre est devenu une véritable passion. »

GÎTES DE LA FERME DE PORT-AUBRY
MARGUERITE ET EMMANUEL MELET
58200 Cosne-Cours-sur-Loire
Tél. : 03 86 26 63 61
www.ferme-portaubry.fr

Quatre gîtes de quatre, six, deux et deux/trois places

Dans la région, Port-Aubry, c'est avant tout une ferme découverte ouverte au public, où se pressent chaque année de nombreux visiteurs curieux de connaître la vie de l'exploitation. Particulièrement dynamique, Port-Aubry s'est spécialisée dans la fabrication et la vente de fromages et a obtenu l'AOC crottin de Chavignol. Un peu à l'écart de cette activité bourdonnante, trois gîtes accueillent des visiteurs amoureux de nature et qui trouvent dans cette ferme et sur les bords de Loire, tout proches, de quoi se ressourcer.

« Notre situation géographique est très avantageuse : nous sommes à la fois en pleine campagne, tout près des bords de Loire, à quelques minutes du centre de Cosne-Cours-sur-Loire, à seulement une heure et demie de Paris. Cosne est une ville d'environ 12 000 habitants et compte de nombreuses entreprises. La centrale nucléaire de Belleville n'est pas très éloignée non plus. De ce fait, nous avons la particularité d'accueillir beaucoup de locataires qui viennent dans la région pour des raisons professionnelles ; dirigeants d'entreprise, personnes en stage ou en formation, commerciaux, travailleurs expatriés (souvent originaires de pays du Nord, Belges, Finlandais, Allemands...). Je reçois régulièrement un Américain qui travaille avec des entreprises de la région ; il adore cuisiner et ne supporte pas d'être privé de ce plaisir à l'hôtel. Il n'est d'ailleurs pas le seul : pour la plupart de nos clients professionnels, l'hôtel est un lieu trop impersonnel, ils veulent pouvoir se faire à manger eux-mêmes, laisser leurs affaires sans contrainte, se retrouver comme à la maison, en somme. Et le plaisir de vivre quelques jours à la ferme y fait aussi pour beaucoup. Mais attention, une ferme avec wi-fi dans tous les gîtes pour continuer à travailler le soir ! Et c'est très apprécié ! Bien sûr, nous accueillons aussi des vacanciers ; notamment beaucoup de personnes originaires du nord de la France, car cela leur permet de changer d'environnement et de climat sans aller trop loin. Nous avons aussi des personnes qui ont quitté la Nièvre depuis plusieurs années et qui reviennent voir la famille, leurs petits-enfants, les amis, tout en gardant une certaine indépendance en ayant leur propre hébergement.

Du fait de cette clientèle très diversifiée, nous ouvrons nos gîtes toute l'année, sauf le gîte du Pêcheur, que nous fermons en... juillet-août ! Comme il est situé tout près de notre maison, nous le réservons pour la famille et les amis qui viennent nous voir pendant l'été.

Nous veillons à garder toute l'authenticité et le caractère de nos gîtes ; plus qu'un hébergement "de charme", nous avons souhaité préserver le cachet rustique et la simplicité de la ferme. C'est notre identité, et cela correspond à ce que recherchent nos hôtes ; ils apprécient l'espace, la tranquillité, la proximité avec les animaux, nos vieux arbres fruitiers. Ici, tout rappelle l'histoire des lieux, de ceux qui y ont vécu. Les noms des deux premiers gîtes, la Maison et la Grange de Walter, sont un clin d'œil à l'ancien propriétaire, un vieux monsieur à qui nous avions acheté les bâtiments. Dans le gîte du Pêcheur, une ancienne écurie, nous avons conservé le sol en brique, des mangeoires dans les angles et, aux murs, une belle auge ancienne dans le coin salon, et même les rigoles d'évacuation le long des murs ! Dans ce gîte, le plus récent, nous avons installé une douche à l'italienne, sans bac, placé les interrupteurs à mi-hauteur et ouvert des portes larges, pour faciliter l'accueil des handicapés. Le nom tient au fait que nous mettons à disposition de nos hôtes tout un matériel de pêche, canne, épuisettes, fil, plombs, etc., pour profiter des bords de Loire tout proches.

Mais la principale attraction, c'est bien sûr notre ferme découverte, où nous accueillons des visiteurs toute l'année. C'est la ferme découverte la plus visitée de Bourgogne : nous avons atteint 70 000 visiteurs en 2003 ! 400 chèvres, plus de 100 chevrettes, une quinzaine de boucs, des brebis, des ânes, des poneys, des poules, des canards et des oies, pour les enfants, c'est le paradis ; ils passent leurs journées "aux chèvres" ! Chez nous, ils peuvent toucher les animaux, les nourrir, assister à la traite, aux soins, aux naissances. Beaucoup de familles reviennent d'année en année, car leurs enfants adorent la vie à la ferme.

Nous avons ouvert nos gîtes en 1994, mais nous y pensions depuis longtemps déjà quand nous avions acheté les maisons de Walter en 1982. L'objectif, c'était de nous constituer un revenu pour compléter notre retraite, car celle des exploitants agricoles est vraiment faible. Après avoir acheté les maisons, nous avons dû patienter pour lancer les travaux car nous traversions une période financière un peu difficile. Entre l'achat des maisons, les travaux (qui ont duré cinq ans), l'aménagement, les deux premiers gîtes ont représenté un budget total de 120 000 euros.

Nous avons été accompagnés par les Gîtes de France, qui nous ont aidés à monter notre dossier de demande de subventions ; nous avons reçu des aides de la région et du département, pour un montant de 20 000 euros, soit près de 20 % du budget.
Par rapport à cette époque, il y a maintenant plus de contraintes. Pour le gîte du Pêcheur, que nous avons ouvert en 2007, nous avons dû nous engager à passer pendant dix ans par la centrale de réservation des Gîtes, en contrepartie de la subvention. Mais je trouve la commission très élevée, 14 % ! Quand les personnes réservent pour de longues périodes, ou lorsque je trouve moi-même les locataires, je n'hésite pas à négocier et j'arrive à les faire descendre à 7 % !

La notoriété de la ferme nous amène beaucoup de locataires ; de plus, nous sommes présents dans Le Guide du Routard, Le Petit Futé *et nous avons aussi créé notre propre site Internet. Et le bouche à oreille fonctionne aussi très bien.*
Malgré tout, il y a souvent des périodes où j'ai quelques sueurs froides, car mon planning de réservations tarde à se remplir ; et puis soudain, les gens réservent tous en même temps ! Bon an, mal an, les trois gîtes confondus, nous louons environ trente semaines dans l'année ; notre chiffre d'affaires tourne autour de 20 000 euros, mais il faut aussi compter avec l'amortissement des travaux, ce qui fait que l'activité a été déficitaire plusieurs années de suite. Alors que nous venions tout juste d'atteindre l'équilibre sur les deux premiers gîtes, nous avons lancé de nouveaux travaux pour le troisième. Lorsque l'on ouvre des gîtes, il faut savoir que l'on ne réalisera des bénéfices que sur le long terme. »

PARTIE II

S'IMPLANTER

1. Premier impératif : être propriétaire

Dans un gîte ou une chambre d'hôte, l'expression « accueillir chez soi » n'a rien d'anodin et, légalement, vous devez être propriétaire du logement que vous louez à vos hôtes. Votre première démarche consiste donc à acquérir ce logement. Peut-être en êtes-vous déjà propriétaire : pour de nombreuses personnes, le fait d'ouvrir des hébergements découle directement de la nécessité de pouvoir entretenir un patrimoine immobilier coûteux parce que trop vaste, trop ancien, très abîmé. Cependant, même dans le cas où vous êtes déjà propriétaire, n'hésitez pas à vous interroger sur les différents points que nous évoquons ci-dessous. Ils vous aideront à déterminer si votre environnement et votre habitation sont adaptés à votre projet ou si vous devez faire évoluer vos idées de départ.

EN CAS DE COPROPRIÉTÉ

Attention, si vous résidez en copropriété, vous devez vous assurer qu'aucune disposition du règlement n'exclut l'activité que vous souhaitez y développer.

Dix-huit mois, c'est le temps que mettent les propriétaires de gîtes à concrétiser leur projet… en moyenne ! La création d'hébergements n'a rien d'immédiat ni de rapide, d'autant plus si vous devez avant toute chose rechercher une maison qui offre à chaque membre de votre famille les conditions nécessaires pour s'y épanouir et vous permettre d'accueillir vos hôtes avec le sourire. Donnez-vous réellement le temps de construire votre projet, tout en restant ouvert aux coups de cœur, aux surprises qui pourraient vous conduire à modifier votre plan initial.

La reprise d'une maison ou d'un gîte peut être une solution alternative judicieuse à l'acquisition d'un bien immobilier et à la création *ex nihilo* d'une activité d'hôte de gîte ou de chambre. Que vous vous trouviez dans une région où l'offre d'hébergement est déjà forte, voire saturée. Ou, à l'inverse, sur un marché au potentiel moins important, mais où des hôtes ayant su développer une offre spécifique et rentable, souhaiteraient passer la main.
Comme pour toute entreprise, la reprise présente certains avantages, à commencer par le fait de se placer dans la continuité économique d'une activité déjà existante. Concernant les locaux,

vous bénéficiez du fait que les principaux investissements ont déjà été faits : création des chambres et des sanitaires, séparation des espaces pour les hôtes et de votre lieu de vie, aménagement du jardin, de l'accès à votre hébergement, etc. Si vous reprenez l'activité alors que des réservations sont déjà en cours pour la saison, vous en retirerez aussi plus rapidement des revenus. Plus largement, vous bénéficiez de l'expérience des cédants, de l'histoire et des pratiques qu'ils vous transmettront : reconnaissance des clients, relations anciennes avec des fournisseurs, personnel pour le ménage ou le jardinage déjà habitué aux lieux. Même si, à terme, vous deviez totalement ou partiellement modifier votre positionnement (prix, clientèle, activité), tout ce vécu vous sera utile, vous donnera une meilleure visibilité sur le long terme de votre possible développement et vous permettra de gagner du temps.
Bien entendu, cela nécessitera de votre part un travail d'évaluation de la transmission. En particulier de l'évolution possible du chiffre d'affaires, des charges et de leur répartition, et de la rentabilité. Si le cédant avait créé une entreprise, les trois derniers bilans comptables vous en donneront une vision précise. Examinez également le planning des réservations de l'année, le type de clientèle, éventuellement des services proposés par les cédants. En revanche, ces informations ne vous seront pas forcément fournies si l'activité était exercée à titre civil.

Prenez aussi en compte le positionnement existant et la clientèle que vous visez : vous inscrirez-vous dans la continuité ou pensez-vous proposer une offre radicalement différente ? Dans ce dernier cas, anticipez un possible fléchissement de la clientèle d'habitués. À partir de ces éléments, pouvez-vous envisager un développement de l'activité ? Ou bien l'hébergement est-il déjà au maximum de ses possibilités ?
En dehors d'un strict aspect comptable et financier, surveillez aussi bien sûr la réputation en ligne de l'hébergement. En cas de mauvaises notations, il vous faudra communiquer très intensément pour indiquer le changement de propriétaire, modifier le nom du lieu, adopter une nouvelle identité. Cela prend du temps. Pour évaluer la situation, n'hésitez pas à faire appel aux conseils d'un notaire, d'un expert-comptable, des professionnels locaux du tourisme (label, comité département du tourisme). Ou encore aux services d'aide à la reprise d'entreprise présents dans toutes les chambres de commerce et d'industrie ou chambres des métiers, et qui organisent des séances d'information à l'attention des repreneurs potentiels.

Où rechercher des biens à reprendre ?

Le magazine spécialisé *Accueillir* propose une sélection d'offres dans sa rubrique « annonces immobilières » : accueillir-magazine.com
Consultez les sites spécialisés dans la reprise de commerces.
Les chambres consulaires (Chambres de commerce et d'industrie, Chambres des métiers) centralisent de nombreuses offres de transmission d'entreprises.
Et, plus classiquement, les agences immobilières et notaires en ligne et sur place, ainsi que les sites de vente entre particuliers.

Comment choisir un lieu d'implantation ?

Peut-être savez-vous assez précisément dans quelle région vous allez mener vos recherches. Dans le cas contraire, ne vous précipitez pas sur les zones les plus touristiques en espérant qu'elles vous assureront un taux de remplissage élevé. Nous le verrons tout au long de ce guide, votre projet doit être pensé dans son ensemble et non suivant des critères applicables à n'importe quel autre hébergement. Installer par exemple une maison d'hôte dans le nord de la France peut s'avérer très judicieux, du fait d'une clientèle professionnelle importante en provenance de Belgique ou de Grande-Bretagne et qui a de plus en plus tendance à préférer le logement chez l'habitant aux hôtels impersonnels. A contrario, une maison d'hôte achetée dans la région Rhône-Alpes, mais sans réflexion préalable approfondie, mal située, ne rencontrera pas forcément le succès escompté, malgré l'assurance d'un climat plus favorable et l'importance de la fréquentation touristique.

CHAMBRE AVEC VUE… SUR LA TOUR EIFFEL OU LA CANEBIÈRE

L'idée d'ouvrir un gîte ou une chambre d'hôte est souvent associée à un logement à la campagne, en bord de mer ou à la montagne.
Or, les dernières années ont vu l'essor d'un tourisme citadin et le développement d'une offre urbaine. Sans compter qu'Airbnb et les nouvelles formules d'échange ou de location entre particuliers ont fait prendre conscience à de nouveaux propriétaires que leur logement pouvait constituer une source non négligeable de revenus ponctuels, ce qui a accentué la concurrence.
La chambre d'hôte ou la location de meublé en milieu urbain a le vent en poupe.
La clientèle touristique en ville peut être une clientèle « classique », souhaitant découvrir l'offre culturelle locale (patrimoine, musées, spectacles…). Mais il peut aussi s'agir d'une clientèle professionnelle, lassée du côté parfois impersonnel des hôtels et souhaitant être accueillie « comme à la maison ». Dans un cas comme dans l'autre, vos hôtes apprécieront que vous les fassiez profiter de vos bonnes adresses, de votre mode de vie, pour leur donner, le temps d'un séjour, l'impression d'être un authentique Marseillais, Parisien ou Bordelais…

Quelle région ?

Associez tous les membres de votre famille à cette recherche : si vos enfants vivent avec vous, il est important qu'ils puissent aussi se prononcer sur leur futur cadre de vie. Si vos enfants sont déjà adultes, viendront-ils souvent vous voir dans votre propriété beauceronne s'ils ne jurent que par la montagne, été comme hiver ? Cette maison que vous devez trouver, où l'imaginez-vous située ? Quelles activités aimeriez-vous pratiquer dans ses environs ou faire découvrir à vos hôtes ? Si vous n'avez *a priori* aucune préférence, voici quelques éléments pour vous aider à choisir votre futur territoire. Projetez-vous dans votre future vie, imaginez-la à chacune des saisons, visualisez les activités que vous pratiquerez : l'objectif est d'essayer d'imaginer la vie que vous souhaiteriez mener et que vous aurez plaisir à faire partager à vos hôtes.

Climat

Aimez-vous la chaleur ? Les climats tempérés ? La rigueur des hivers montagnards ? Les saisons bien marquées ? Supportez-vous l'humidité ? Imaginez-vous vivre dans votre jardin les trois quarts de l'année ou appréciez-vous la vie cosy et douillette à l'intérieur de maisons conçues pour des climats moins cléments ?

Relief, paysage

Avez vous une préférence pour le littoral ou la montagne (voire les deux, et donc, cap sur Biarritz !) ? Paysage de collines ou de plaines ? Région de forêts, de marais, de rivières poissonneuses ? Campagne tout en bocages ? Contreforts de massifs, de volcans ?...

Architecture

Êtes-vous sensible à un type d'habitat en particulier ? Aux maisons hautes et étroites du Nord ? Aux chaumières et longères bretonnes ? Aux maisons à colombage de Normandie ou d'Alsace ou aux austères maisons de maître cévenoles ? Recherchez-vous un authentique mas provençal ? Un confortable chalet de pierre et de bois ?

Patrimoine naturel et historique

Imaginez-vous votre maison dans une région très touristique ou plutôt retirée ? À quels centres d'intérêt culturels êtes-vous attentif ? Une culture régionale intense ? L'importance des sites historiques ? La possibilité de pratiquer de nombreuses activités sportives ou un sport en particulier (nautisme, escalade, ski, canyoning, rafting, spéléologie ?). Souhaitez-vous vous installer dans une région à forte culture gastronomique ?

C'est en partant de vos préférences, de votre mode de vie actuel et de ce que vous souhaitez en conserver ou au contraire, de ce qui vous manque, que vous arriverez peu à peu à cerner un endroit où planter vos racines. Ne négligez aucun de ces aspects, car c'est également en partant de ces éléments que les visiteurs choisissent où passer leurs vacances.
Par ailleurs, attention à ne pas non plus céder à des modes passagères : chaque année, de nouveaux lieux de villégiature passent du statut de « trou perdu » à celui d'endroit branché. Ne pariez pas sur le dernier site à la mode en vous disant que cela marchera forcément, mais, encore une fois, construisez soigneusement votre projet à partir de vos goûts personnels, de ce que vous aimez faire.

Quel territoire ?

Ces différentes questions vous ont aidé à déterminer une région ou vous hésitez entre plusieurs options. Vous avez eu un véritable coup de cœur au cours de vos vacances. Votre conjoint(e) a obtenu une mutation et votre départ est l'occasion de monter votre projet. Vous possédez des attaches familiales à l'origine de votre choix… Les raisons de s'installer dans un lieu sont innombrables. Quoi qu'il en soit, une fois que vous avez précisé une ou plusieurs régions possibles, passez-les au crible des éléments suivants et ne perdez pas l'objectif économique de votre recherche, la faisabilité et la viabilité de votre projet d'hébergement touristique.
Une démarche indispensable : visiter la région au cours des différentes saisons de l'année. Assurez-vous que l'effervescence estivale ne débouche pas brutalement sur huit mois de commerces fermés, d'activités inexistantes, voire de dessertes ferroviaires suspendues. Dans ce cas, même la plus jolie des régions peine à attirer les visiteurs, et vous-même auriez beaucoup de mal à supporter les longs mois hors saison.
De ce fait, interrogez-vous notamment sur le dynamisme de la région en recueillant le maximum d'informations sur les critères suivants.

Bonne desserte par les transports

Certes, un hébergement de qualité trouvera généralement son public, mais il vous faudra pour cela déployer une énergie considérable si vous êtes situé dans une région enclavée. Veillez donc à ce que votre région soit correctement desservie par les axes routiers, le train, voire un aéroport.

Économie de la région et présence de grandes villes

N'oubliez pas que votre activité d'accueil ne sera, dans la plupart des cas, qu'un complément de revenus. Mieux vaut dans ce cas habiter à proximité d'un bassin d'emplois important où vous aurez davantage de chances de trouver une activité, ou éventuellement des clients si vous exercez en libéral. Et, dans ce cas également, la possibilité d'accéder à une gare et donc de pouvoir facilement vous déplacer constitue un facteur à ne pas négliger. Renseignez-vous également sur le tissu économique local, sur les secteurs d'activité les mieux représentés ; si vous devez envisager une reconversion, vous sera-t-il possible de l'entreprendre sur place (centres de formation et entreprises pouvant accueillir des stagiaires) ?

Présence de grandes villes à proximité

Que vous soyez actuellement citadins ou non, la proximité de villes est un facteur à ne pas négliger. D'une part pour le passage de touristes qu'elles peuvent entraîner, d'autre part pour votre facilité à trouver sur place des commerces et des artisans dont vous aurez besoin pour votre activité (équipement de la maison, bricolage, décoration…) ; la présence de collèges, lycées, voire universités et grandes écoles suivant l'âge de vos enfants ; les éventuelles activités que vous pouvez pratiquer : cours de musique, d'arts plastiques, mais aussi tout simplement, pouvoir aller facilement au cinéma, au théâtre, assister à des concerts, etc. Que vous soyez citadin ou déjà habitant d'un espace rural, soyez attentif à la proximité des loisirs, des commerces, des lieux de rencontres, et d'échanges. Même si vous êtes adepte d'une vie un peu retirée, il est très utile de pouvoir accéder rapidement aux commodités des centres urbains.

« Nos deux aînés suivaient déjà des études supérieures et avaient quitté le "nid". Le troisième était déjà autonome pour se déplacer, par contre le petit dernier a moins bien vécu le départ de Paris et l'installation à la campagne ; d'ailleurs, maintenant qu'il vient d'avoir son bac, il a trouvé une classe prépa à Paris alors qu'il aurait pu aller à Toulouse ! » (Paul-André Glorieux, la Rougeanne.)

Accueil des nouveaux arrivants

Certaines collectivités territoriales (communes, mais plus généralement communautés de communes, « pays », départements), mettent en place une politique très active d'accueil des nouveaux habitants et d'accompagnement des projets de création d'activité indépendante. Concrètement, cela se traduit par des postes de « chargés d'accueil », des séances d'information et de découverte du territoire, des mises en relation avec des associations d'accompagnement économique, un annuaire des entreprises à reprendre, etc. En bref, dans ces régions qui misent sur l'arrivée de nouveaux arrivants pour assurer leur développement, tout est mis en œuvre pour favoriser au mieux votre implantation. Cette politique d'accueil vous permettra de bénéficier d'une expertise sur votre projet, d'un éclairage sur la région et de vous intégrer tout en faisant connaissance de personnes « arrivantes » comme vous.

Marché immobilier local

Renseignez-vous aussi sur les prix pratiqués dans la région et veillez à rester dans une fourchette qui vous soit accessible. Encore une fois, ne voyez pas trop grand et ne craquez pas pour une maison située dans une région huppée, en espérant que « ça se louera toujours », ce qui vous permettra de rembourser vos emprunts à très, très… trop long terme ! En faisant le tour des agences et des notaires, vous vous rendrez rapidement compte de la moyenne des prix pratiqués. Par la même occasion, vous prendrez conscience de la nature et de la fréquence des offres ; si vous avez peu de chance de trouver la maison cossue et de caractère dont vous rêvez (parce qu'il y en a très peu sur le marché, qu'elles sont mal situées ou en trop mauvais état le plus souvent), mieux vaut réorienter vos recherches ou modifier votre projet initial.

Quelle maison ?

Les choses se précisent. Vous voici maintenant à la recherche d'une maison sur une aire géographique beaucoup plus définie. Reste maintenant à trouver la maison qui fera coïncider vos envies personnelles avec la possibilité d'y accueillir des visiteurs.
Maison uniquement ? Par maison, nous entendrons ici tout habitat dans un espace non urbanisé pour les gîtes : une maison peut être aussi un chalet si l'on se trouve en montagne, mais également des dépendances de ferme transformées et réhabilitées. Quant aux chambres d'hôte, s'il est possible d'en ouvrir en ville, mieux vaut éviter pour cela le cadre d'une tour de quinze étages…

La maison…

Pour correspondre aux critères des gîtes ruraux et maisons d'hôte, vous devez posséder un habitat de qualité, de préférence dans le style traditionnel de la région où vous vous trouvez. Pour la fédération des Gîtes de France, les notions de valorisation et de conservation du patrimoine sont primordiales ; à l'origine, les gîtes ruraux ont été créés aussi pour permettre de sauvegarder des habitats traditionnels que leurs propriétaires n'avaient pas les moyens d'entretenir. Les touristes faisant le choix d'un gîte rural ne pensent pas seulement location de vacances, mais également habitat de caractère rural, dans un environnement rural. En revanche, il est possible d'obtenir le label gîte rural pour une maison indépendante située dans un petit village, ne dépassant pas un certain nombre d'habitants.

Par ailleurs, dans certains départements, l'attribution de subventions est subordonnée à la propriété d'un logement ayant été construit avant une certaine date.
Concernant les chambres d'hôte, l'habitat doit être tout autant de qualité et, de préférence, tout aussi traditionnel que les gîtes. D'autant plus que l'accueil se doit d'être empreint de l'art de vivre local.
Tous ces facteurs excluent d'emblée certains types d'habitats : maisons de lotissement, maisons trop récentes (des années 1950-1960 à nos jours), maisons « de constructeurs » et maisons sans espace vert ou avec un trop petit jardinet. S'il est possible d'y trouver des locations, celles-ci ne bénéficieront pas de l'appellation « gîte rural ».
Quelques nuances cependant ; il est tout à fait possible de trouver des chambres d'hôte bénéficiant d'un classement élevé dans des maisons récentes. Mais dans ce cas, la maison possède certains atouts qui lui permettent de se distinguer de ses contemporaines trop formatées. Ainsi, une maison d'architecte particulièrement audacieuse, une maison ayant fait le pari du bioclimatique ont tout à fait vocation à offrir un lieu de vacances « de caractère » sans être pour autant traditionnel. Si de plus, l'environnement (grand jardin, parc arboré) s'avère particulièrement agréable, toutes les conditions sont réunies pour un séjour d'exception.
Dans votre phase de recherche, vous pouvez déjà commencer à contacter les comités départementaux de tourisme et vous mettre en relation avec les labels pour mieux connaître leurs critères en matière d'habitat. Ils pourront aussi vous indiquer si une maison peut correspondre à votre projet. Consultez également les critères de labellisation indiqués dans la partie III.

... son terrain

Le terrain doit lui aussi faire l'objet de votre attention. Dans le cas où vous souhaitez aménager plusieurs gîtes, ou si votre gîte est situé dans des bâtiments proches de votre propre habitation, veillez à disposer de suffisamment de place pour que chaque hébergement dispose de son espace vert privatif. La proximité, oui, la promiscuité, non. Vos visiteurs, tout aussi désireux d'échanges et de rencontres puissent-ils être, recherchent le calme, le repos et l'impression d'être chez soi ailleurs. Des espaces verts d'une surface suffisante, aménagés intelligemment, doivent permettre à chacun de s'isoler et de se ressourcer au calme. Ce qui n'empêche pas des espaces communs tels que la piscine, une aire de jeux pour les enfants, un potager où vous leur apprenez à distinguer les herbes

médicinales, une terrasse sur laquelle vous disposez des chaises longues pour tous, etc.
Soyez particulièrement vigilant si vous créez des hébergements dans une ferme. Même si vos hôtes viennent découvrir la vie d'une exploitation agricole, assurez-vous qu'ils ne seront pas réveillés par le bruit d'un moteur, le déplacement d'un troupeau, le camion laitier ; 7 heures du matin, un horaire tout à fait décent pour qui travaille, parfaitement scandaleux pour un vacancier au sommeil léger ! De même, évitez de construire un gîte devant un lieu de passage, *a fortiori* si vous devez transporter des outils, manœuvrer des véhicules, etc. Pensez aux familles avec de très jeunes enfants.

... et son prix !

C'est bien entendu un des facteurs décisifs de votre choix : trouver une maison qui corresponde à votre budget, et qui vous permette d'adopter le positionnement de votre choix, de la simple grange retapée, confortable et saine, mais simple et sans prestations particulières, au manoir cossu entouré d'un parc de dix hectares avec vue sur mer ou rivière. L'espace, le calme, une vue imprenable sur la montagne ou la mer se paient souvent très cher : « Si tu veux voir l'eau, ajoute un zéro », pourrait-on dire ! Attention à ne pas investir dans un habitat trop luxueux du fait de son emplacement. Vous auriez ensuite du mal à le rentabiliser ou vous seriez amené à pratiquer des tarifs très élevés. Veillez à rester en adéquation avec les possibilités touristiques qu'offre votre région.
À l'inverse, attention aux maisons très peu chères où de nombreux et importants travaux sont à entreprendre. Dès lors que vous privilégiez la réfection et l'aménagement des hébergements pour pouvoir en tirer rapidement un revenu, supporterez-vous (vous-même mais aussi votre famille ?) longtemps l'inconfort de vivre dans une maison non terminée, mal isolée ou humide parce que vos locations ne vous rapportent pas encore de quoi réhabiliter votre propre logement ? Prenez conseil auprès d'artisans pour obtenir une évaluation des travaux à entreprendre : la réfection de la toiture et de la charpente est un classique et coûteux poste à prévoir sur les demeures restées inhabitées depuis longtemps. L'installation électrique est fréquemment à refaire, de même que les sanitaires et le chauffage. Enfin, faites également vérifier l'état des murs et assurez-vous de l'absence de vices cachés tels que mérule, plomb, amiante, termites... : faites établir ou exigez de la part du vendeur un état parasitaire, et si cela n'a pas été fait avant la vente, prévoyez une clause de garantie dans le contrat de vente.

Quel environnement ?

Un séjour réussi est tout d'abord fondé sur un hébergement agréable.
Mais pas seulement.
Le charme et le caractère de votre hébergement tiennent aussi à ce qui se trouve dans leur voisinage immédiat et ne se bornent pas aux limites de votre terrain. Pour le succès de votre activité, mais aussi tout simplement pour votre propre qualité de vie, ne faites pas abstraction de votre environnement direct.

Absence de nuisances

Un élevage intensif de porcs dans le voisinage, une vue sur une carrière, la proximité d'usines malodorantes ou générant de la pollution les jours de fortes chaleurs, les bruits d'un aéroport, d'une autoroute, une place de village avec trois cafés aussi bruyants que noctambules, etc. Autant de sources de nuisances qui peuvent ruiner tout espoir de rentabiliser des chambres d'hôte… et qui vous vaudront à coup sûr le refus de l'attribution d'un label. Mêmes enthousiasmés par la vie rurale et compréhensifs envers les contraintes des agriculteurs, vos hôtes apprécieront très peu les effluves du lisier au petit-déjeuner. Dès lors que vous avez repéré une maison, prenez le temps d'observer ce qui se trouve à proximité, de vous y rendre à différents moments de la journée et de la semaine, voire d'interroger les voisins pour vous assurer que rien ne viendra perturber le calme et le charme des lieux.

Évolution future des lieux

Lorsque votre choix se porte sur une maison, pensez aussi à vous rendre au service urbanisme de la mairie pour connaître les éventuelles servitudes qui pèsent sur l'habitation. Un droit de passage peut s'avérer très gênant pour garantir le calme de vos hôtes. Assurez-vous également que la commune n'a pas l'intention d'exercer de droit de préemption sur les bâtiments. Enfin, vous pouvez demander une « note d'urbanisme » pour connaître les éventuels projets de la commune sur votre voisinage : une station d'épuration, un stade, une aire de covoiturage et c'est toute votre activité qui se trouve durablement affectée.

Se trouver près d'un village

Rappelons tout d'abord l'importance des voies d'accès dont nous parlions plus haut. Sans aller vous installer juste au bord d'une route

nationale, privilégiez les endroits auxquels vos visiteurs pourront accéder facilement. Assurez-vous que votre nom de rue ou de lieu-dit soit répertorié sur un GPS courant ou bien repérez un nom tout proche à indiquer à vos hôtes. Les endroits isolés possèdent un charme particulier, certes… mais encore faut-il pouvoir les trouver pour les apprécier. Imaginez une fin de juillet en demi-teinte durant laquelle vous n'avez pas bien rempli vos chambres depuis trois semaines, et un beau jour, deux familles de quatre personnes vous téléphonent pour le soir même. Si vous habitez dans un endroit perdu, mal signalé, il serait dommage qu'ils se perdent en route, et, découragés, rebroussent chemin…
Même si vous recherchez le calme et l'espace avant tout, ne négligez pas une situation près d'un village. Celui-ci constitue tout d'abord un repère simple à trouver et à partir duquel vous pourrez indiquer facilement un itinéraire.

Réfléchissez aussi à votre vie quotidienne ; si vous devez prendre votre voiture pour effectuer la moindre petite course, votre facture de carburant risque de peser très vite dans votre budget. À la campagne, les kilomètres s'additionnent très rapidement ! Et peut-être même davantage à la montagne, si vous devez descendre dans la vallée ou au bord de la mer, lorsque le littoral est particulièrement découpé. Si vous faites table d'hôte, vous aimerez disposer de lieux d'approvisionnement proches de chez vous. Au quotidien, vous apprécierez également la proximité d'un village ou d'un bourg si vous avez de jeunes enfants. Difficile de jouer le taxi pour les emmener chez leurs camarades de classe alors que vous devez préparer trois chambres d'hôte dans la journée. Par ailleurs, si vous habitiez auparavant en ville, soyez conscient que transplanter de jeunes citadins à la campagne n'est pas toujours facile. S'ils peuvent, dès que possible, se déplacer seuls ou à pied, ils gagneront rapidement en autonomie, ce qui vous libérera d'autant plus ! Quant à vos hôtes, il y a fort à parier qu'ils seront heureux de pouvoir se passer de leur véhicule pour se rendre au marché à pied ou avec des vélos que vous aurez mis à leur disposition. Ne négligez donc pas les nombreux avantages à vous trouver près ou dans une petite commune.

Comment chercher ?

Les agences immobilières sont *a priori* le premier moyen auquel pensent les personnes en recherche d'une maison, et vous devez effectivement les contacter, ainsi que leurs sites Internet, qui vous permettent de prospecter à distance. Vous les trouverez

notamment en vous rapprochant du site de la Fnaim, www.fnaim.fr
Les agents immobiliers peuvent aussi « sous-traiter » une partie de leurs biens à vendre auprès de professionnels indépendants, les mandataires.
Par ailleurs, et notamment en région rurale, ayez le réflexe de vous adresser aux notaires, souvent de discrets mais très efficaces acteurs du marché immobilier. Ils peuvent même avoir une quasi exclusivité sur certains biens, ou vous informer, du fait de leur connaissance des familles, d'une vente à venir et non encore publiée. Vous trouverez les notaires de la région qui vous concerne sur notaires.fr. Sur ce même site, vous accéderez également :
• à des annonces de biens à vendre à l'onglet immobilier.notaire.fr ;
• au baromètre des prix sur https://barometre.immobilier.notaires.fr.

En ligne ou en version papier, ne négligez pas non plus la presse :
• la presse nationale quotidienne et hebdomadaire : *Le Figaro, Le Monde, L'Express, Le Nouvel Observateur,* etc. présentent en fin de journal ou de magazine une sélection d'habitats, souvent luxueux et situés dans des sites d'exception… généralement réservés aux plus fortunés d'entre vous ;
• la presse quotidienne régionale, ses petites annonces quotidiennes, ses suppléments hebdomadaires consacrés à l'immobilier et ses annonces en ligne ;
• la presse spécialisée dans l'immobilier ; de l'offre très haut de gamme de *Demeures & Châteaux* à celle, plus généraliste, de *Logic-Immo, Paru-Vendu, De particulier à particulier…* ;
• les sites d'annonces : gratuits ou payants, déclinaison ou non de supports papier, www.entreparticuliers.com, www.pap.fr, www.explorimmo.com, www.topannonces.fr, www.seloger.com, www.paruvendu.fr, www.acheter-louer.fr, etc. Sans oublier le désormais incontournable www.leboncoin.fr.

Lorsque vous êtes sur place, faites également marcher le bouche à oreille, parlez de votre recherche aux personnes que vous connaissez, mais également aux commerçants, aux propriétaires de restaurants ou de cafés, faites-vous connaître des employés de la mairie ; ils peuvent tout à fait avoir connaissance d'une maison qui serait prochainement à vendre, d'un exploitant qui serait prêt à céder une parcelle…
La chance est aussi un facteur à prendre en considération. Pensez à la provoquer !

Comment acheter ?

Dans la majorité des cas, les maisons d'hôte et gîtes ruraux s'acquièrent en couple. Comment, avec votre conjoint, allez-vous acquérir cette maison ? Sous quel régime ? La consultation d'un notaire est une démarche indispensable pour acheter votre bien dans les conditions les plus adaptées à votre situation.

Couple marié ou pacsé

Vous pouvez choisir d'acquérir la maison en indivision (elle appartient pour moitié à chacun, ou au prorata des apports précisés dans le contrat). Ce mode d'acquisition vous oblige à prendre vos décisions de plein accord, à moins que l'un de vous détienne plus des deux tiers des droits.
Si l'un de vous crée une entreprise pour exercer l'activité de chambres d'hôte, il vous est fortement conseillé d'opter pour le régime de la séparation de biens, qui permet de protéger les biens du conjoint de l'entrepreneur.
Pour protéger votre habitation d'éventuels créanciers, faites rédiger un acte d'insaisissabilité par votre notaire (voir également p. 118).

Union libre

Pour les couples vivant maritalement et qui envisagent d'acheter ensemble leur résidence, un passage devant le notaire pour fixer les conditions optimales de l'acquisition s'impose, notamment pour prévoir tout risque en cas de séparation ou de décès de l'un d'entre vous. La place des enfants, surtout lorsque certains sont issus d'une première union, est également importante à prendre en compte.

La société civile immobilière (SCI)

La SCI est une société composée de parts sociales que vous créez à deux ou plusieurs associés dans le but d'acquérir un logement. De fait, c'est la société qui devient propriétaire et qui vous attribue le droit de l'occuper à titre gratuit (ou comme locataire). Chaque associé est responsable des dettes de la SCI, proportionnellement à ses apports financiers. L'avantage de cette solution est de permettre une transmission plus facile aux descendants, en bénéficiant d'avantages fiscaux. De plus, lorsque cette SCI est composée de deux concubins, en cas de décès, le survivant détient à la fois la moitié de la maison en pleine propriété et l'autre moitié en usufruit, ce qui lui permet de rester dans les lieux jusqu'à son propre décès.

Un contrat de SCI est obligatoirement rédigé par un notaire, qui seul pourra vous conseiller au regard de votre situation familiale, de votre patrimoine, de l'activité d'hébergements, etc.
Attention cependant : les associés de SCI ne peuvent pas bénéficier de prêts à 0 %, ni de réductions d'impôts pour intérêt d'emprunt ou travaux, ni utiliser leur plan d'épargne logement pour l'acquisition.

2. Comment entreprendre les travaux ?

Qu'il s'agisse de votre propre habitation ou de gîtes ruraux, vous aurez très certainement des travaux à prévoir. Construction, extension ou rénovation, nous vous présentons brièvement les principales démarches administratives à entreprendre. Soyez prévoyants : en matière de travaux, les dépassements constituent presque la norme, qu'il s'agisse de délais ou de coûts ! De plus, le caractère traditionnel de votre maison est susceptible de faire intervenir davantage d'interlocuteurs que pour une maison entièrement contemporaine.

Les définitions utiles

- **Surface hors œuvre nette (Shon) :** somme des surfaces de plancher de chaque niveau de construction, dont sont déduites les surfaces non aménageables pour l'habitation ou l'activité professionnelle.
- **Plan local d'urbanisme (PLU) :** le plan local d'urbanisme est un document qui détermine un projet global d'urbanisme et d'aménagement, à l'échelle d'une commune ou d'un groupement de commune (PLUi dans ce cas). Ce document fixe les règles d'utilisation du sol applicables à tout un territoire et à tous travaux que vous souhaitez entreprendre dans votre habitation.

Les obligations légales

Le permis de construire est obligatoire pour toute construction nouvelle ou extension de 40 m^2 et plus, ou de plus de 20 m^2 lorsque la surface totale de l'habitation est portée à plus de 150 m^2.

De même, si vous aménagez un niveau à l'intérieur de votre logement ayant pour effet d'augmenter la surface de plancher de plus de 20 mètres carrés, vous devez également demander un permis.

Enfin, quelle que soit l'étendue des travaux, vous devez aussi demander un permis lorsque vous souhaitez :
- percer ou agrandir des ouvertures donnant sur l'extérieur ;
- modifier la façade ;
- modifier les structures porteuses ;
- transformer un ancien local commercial en lieu d'habitation ;
- ou encore si votre habitation est inscrite au titre des monuments historiques ou se situe dans un secteur sauvegardé (réserve naturelle, parc national, etc.).

Vous devez faire appel à un architecte dès lors que la Shon de la future construction dépasse 150 mètres carrés.

ÉCO-CONTRUCTION : UN LOGEMENT PLUS ÉCOLOGIQUE, PLUS ÉCONOMIQUE

Le bâtiment étant en France le premier consommateur d'énergie, tous les bâtiments neufs sont désormais soumis à la réglementation thermique RT 2012, qui limite la consommation d'énergie à 50 kWh/m^2 par an. Sans compter qu'il est désormais possible de construire des bâtiments à énergie positive (bâtiments dits « BEPOS »), qui produisent plus d'énergie qu'ils n'en consomment. Par rapport aux constructions « anciennes », des économies d'énergie peuvent être réalisées sur les postes suivants :
- l'isolation des murs et du toit ;
- l'isolation des fenêtres ;
- le chauffage, qu'il s'agisse de l'état des installations, mais surtout de l'énergie utilisée ;
- le système de production d'eau chaude ;
- la ventilation.

Le diagnostic de performance énergétique (DPE)
Que vous achetiez un logement neuf ou ancien, le vendeur doit vous remettre un diagnostic de performance énergétique (DPE) indiquant, sur une échelle de A à G, la consommation d'énergie du logement et le taux d'émission de gaz à effet de serre.
De la même façon, si vous faites agrandir votre logement ou construire un logement neuf, le maître d'ouvrage est également tenu de vous remettre un DPE. Ce diagnostic est établi à la charge du vendeur dans le cas d'une vente ou du maître d'ouvrage pour une construction neuve. Le coût d'un DPE est compris généralement entre 100 et 250 euros, n'hésitez pas à comparer les offres des différents professionnels. Pour trouver un diagnostiqueur certifié, consultez l'annuaire établi par le ministère du Logement :
http://diagnostiqueurs.din.developpement-durable.gouv.fr/index.action

Aides financières
Si vous projetez de mener des travaux de rénovation énergétique, sachez que vous pouvez bénéficier de certaines aides financières. Suivant les années, la nature et les critères d'éligibilité de ces aides évoluent, de même que les équipements et matériaux éligibles, mais ayez le réflexe de vous renseigner avant d'entreprendre et de budgéter vos travaux.
Il peut s'agir de crédit d'impôt, d'éco-prêt à taux zéro, de TVA à taux réduit, d'une exonération de la taxe foncière ou d'une prime pour les propriétaires à revenus modestes. Certaines de ces aides sont cumulables entre elles ou peuvent être couplées à des dispositifs d'aide à l'accession à la propriété.

▶ **Renseignements :**
Pour tous renseignements concernant les nouvelles normes de construction et les aides dont vous pouvez bénéficier, consultez les sites suivants :
- Agence de l'Environnement et de la Maîtrise de l'Énergie (ADEME) : www.ademe.fr
- Ministère du Logement : www.territoire.gouv.fr
- Ministère de l'Écologie : www.developpement-durable.gouv.fr
- Agence nationale de l'habitat : www.anah.fr
- Agence nationale pour l'information sur le logement : www.anil.org

Le permis de construire se dépose en mairie.

Si votre dossier est complet, vous obtenez une réponse dans les deux mois pour la construction d'une maison individuelle, dans les trois mois pour une construction agricole ou un permis d'aménager (extensions) comprenant ou non des constructions ou démolitions. Si votre dossier n'est pas complet, votre mairie dispose d'un mois pour vous indiquer les pièces à lui transmettre. Vous avez trois mois pour lui répondre. Dès que vous avez fourni les pièces, le délai normal reprend.
Sans réponse, vous pouvez vous prévaloir d'un « permis tacite », sauf si vous vous situez dans une zone classée, une réserve naturelle, une zone soumise à enquête publique…
Certaines situations peuvent allonger les délais : l'administration doit alors vous en avertir dans un délai d'un mois à compter du dépôt de votre demande.

Si votre logement présente un caractère traditionnel, les architectes des Bâtiments de France sont susceptibles d'intervenir sur votre dossier. Pour éviter toute déconvenue lors du dépôt de votre permis de construire, mais également pour connaître toutes les contraintes liées aux bâtiments anciens et à l'architecture traditionnelle de votre région, ou tout simplement prendre conseil de façon générale, vous pouvez vous rapprocher de certaines structures publiques ou associatives.

Les Conseils de l'architecture, de l'urbanisme et de l'équipement (CAUE) ont une mission de service public d'information aux particuliers, pour promouvoir la qualité de l'architecture, de l'urbanisme et de l'environnement. Dans un CAUE, vous pouvez rencontrer gratuitement des architectes ou des paysagistes qui vous conseilleront sur vos projets d'agrandissement et d'implantation des bâtiments ou d'agencement du terrain, sur les matériaux adaptés à votre situation, sur les aspects et contraintes techniques et administratifs, sur la réglementation. Pour contacter le CAUE de votre département, adressez-vous à votre mairie ou consultez le site de la Fédération des CAUE : www.fncaue.com

L'Agence nationale pour l'amélioration de l'habitat (Anah) a pour mission de « promouvoir le développement et la qualité du parc de logements privés existants ». Vous trouverez, dans ses différentes délégations, des conseils sur l'amélioration de l'habitat, portant sur les matériaux, les vices cachés, les bâtiments et les questions de santé (amiante, risques d'incendie ou de chute, l'adaptation d'un logement aux personnes handicapées, etc.), les relations avec les artisans, la réglementation et les obligations légales en matière de logement, etc. L'Anah peut également consentir des subventions aux propriétaires à faibles revenus pour les aider à améliorer un habitat.
▶ **Renseignements :** www.anah.fr

Maisons paysannes de France est une association qui a pour objectif de « *sauvegarder les maisons paysannes traditionnelles, de protéger leur cadre et leur environnement* […], *mais aussi de favoriser une architecture contemporaine de qualité, et s'intégrant harmonieusement dans son environnement* ». Vous y serez reçu par des architectes qui vous conseilleront sur votre projet.
▶ **Renseignements :** au siège de l'association, 8, passage des Deux-Sœurs, 75009 Paris. Tél. : 01 44 83 63 63.
Et sur www.maisons-paysannes.org

▶ Autre structure d'information, de conseil et d'information :
• Association nationale pour l'information sur le logement : www.anil.org

3. Les investissements à prévoir

Une fois trouvée la maison de vos rêves, reste à évaluer l'importance des travaux que vous allez devoir effectuer pour mettre votre ou vos logements aux normes. Si vous devez transformer une ancienne dépendance ou réaménager des chambres au sein de votre propre habitation, il n'est pas toujours évident de savoir par où commencer et quels sont les travaux et aménagements à prévoir. Connaître les normes de meublés et de chambres d'hôte, les critères d'agencement de votre terrain et les normes en vigueur en matière de sécurité et d'hygiène vous aidera à y voir plus clair.

ÉQUIPEMENT, DÉCORATION : UN ÉTERNEL RECOMMENCEMENT ?

Ayez bien conscience que la succession de vos hôtes peut entraîner une usure plus importante des lieux que dans un logement individuel, surtout si vous avez la chance d'avoir une clientèle importante. Il n'est pas inutile de prévoir chaque année un budget de rafraîchissement : peinture (la rambarde est pleine de traces de doigts), changement de vaisselle (trois verres et deux assiettes cassés), de linge (serviette inutilisable après avoir été oubliée toute une nuit sur un transat), de petite réparation de mobilier (une poignée de commode arrachée, des barreaux de chaise cassés), etc. Aussi charmants soient-ils, vos hôtes peuvent aussi être maladroits ou étourdis !

Le classement des meublés de tourisme

Agence du développement touristique en France, Atout France est l'organisme officiel chargé du classement qualitatif des hébergements touristiques. À l'instar des hôtels, des campings, des parcs résidentiels de loisirs, des résidences de tourisme et des villages de vacances, les meublés de tourisme sont évalués sur la qualité de leur aménagement et de leur équipement. Établi au niveau national, le classement s'étage de une à cinq étoiles. Pour les meublés, les critères de classement sont répartis en trois chapitres :
- l'équipement,
- les services aux clients,
- l'accessibilité et le développement durable.

Nous reviendrons (page 128) sur les démarches à entreprendre pour obtenir un classement Atout France. Dans l'immédiat et concernant les éventuels travaux et/ou aménagements à entreprendre dans votre logement, ces critères vous donnent une vision concrète des exigences liées au classement. C'est dans cette optique que nous vous les indiquons en annexe (pages 206-218).

Autres consignes

En complément à ce tableau, veillez également aux éléments suivants pour la rénovation :
• le logement doit être rattaché au réseau de distribution d'eau. Si vous utilisez un puits, faites effectuer des analyses dont vous conserverez les résultats et contactez la Direction départementale des affaires sanitaires et sociales pour obtenir une autorisation ;
• les fenêtres basses doivent être protégées par un garde-corps. Pour les rambardes et garde-corps, la distance entre deux barreaux ne doit pas dépasser 11 centimètres ;
• les escaliers doivent avoir des rampes. Préférez les contremarches pleines ;
• chaque pièce doit posséder un radiateur, à moins que vous ne fassiez le choix du chauffage au sol ;
• prévoir au moins 12 mètres carrés pour la pièce à vivre commune ;
• les sanitaires doivent être clos, cloisonnés jusqu'au plafond et posséder des aérations ;
• les toilettes ne doivent pas communiquer directement avec la cuisine et les pièces où se prennent les repas ;
• pour l'équipement, soyez attentifs aux moindres détails et assurez-vous que tout est en ordre, complet et en bon état de fonctionnement après chaque changement de locataires, notamment l'électroménager, la hi-fi, les éclairages, etc.

Pour les gîtes d'étape et de séjour, prévoyez une salle commune, un coin cuisine aménagé (sauf si vous souhaitez assurer vous-même la restauration sous forme de table d'hôte ou de paniers-repas), des chambres ou des dortoirs et des sanitaires en nombre suffisant.

À louer ou à fournir ?

Pour les gîtes, vous pouvez louer la literie, le linge de toilette ou de table ou les proposer gratuitement (en général à partir d'un classement trois étoiles).
En revanche, quel que soit votre niveau de location, veillez à ce que vos hôtes trouvent toujours en arrivant le minimum suivant : produits d'entretien, éponges, papier hygiénique, lessive, insecticide et, éventuellement, un peu d'épicerie ; sel, poivre, sucre, café, huile…

Pour les plus jeunes, en gîte (où vous pourrez les louer), comme en chambre d'hôte, prévoyez des équipements adaptés aux tout-petits. Lit parapluie, chaise haute, rehausseur pour ceux qui mangent « à la table des grands », couverts adaptés aux petits doigts, tapis antidérapant dans les baignoires et douches, quelques jouets et livres en dépannage… Autant de petites attentions dont vous sauront gré les jeunes parents.

Aménagement des maisons d'hôte

Les chambres d'hôte ne font pas (encore ?) l'objet d'un classement au sein d'Atout France. En l'absence de toute indication réglementaire, il est judicieux de consulter les critères des différents labels de chambres d'hôte (voir p. 129 et suivantes), sans oublier de prendre conseil auprès des offices de tourisme et agences de développement touristique.

De façon générale, les aménagements suivants garantiront un minimum de confort aux visiteurs que vous accueillerez :
• la chambre doit être saine, bien aérée et éclairée, bénéficier d'une bonne isolation (thermique et acoustique) et comprendre un chauffage permettant d'atteindre au moins 19°C ;
• dans les chambres d'hôte les plus modestes, il est possible de partager sa salle de bain avec les autres hôtes voire les propriétaires ; dans ce cas, celle-ci doit être d'une propreté totalement irréprochable. Mais le plus souvent, et c'est une demande qui se généralise de la part de la clientèle, chaque chambre a accès à une salle de bain ou une salle d'eau privative ;
• il vous revient de fournir le linge de lit (draps, draps-housses, couettes, couvertures, taies, cache-sommier…) et de toilette (serviettes et peignoirs) : veillez à ce qu'ils soient en parfait état de propreté, non dépareillés et n'hésitez pas à les changer au moindre signe d'usure. Le confort et la confiance de vos hôtes tiennent à une infinité de petits détails !
• avec l'augmentation de la taille moyenne de la population, choisir un lit de 160 centimètres pour deux personnes est assez judicieux. Par ailleurs, préférez les matelas fermes, meilleurs pour l'anatomie, et qui supporteront davantage le passage de personnes aux corpulences différentes que les matelas trop souples. Préférez également le sommier à lattes, qui ne grincera pas, contrairement au sommier métallique.
Pensez aussi aux espaces de vie que vous ouvrirez à vos hôtes dans votre maison ; il n'est pas toujours agréable d'être cantonné

à une seule chambre, aussi confortable et agréable soit-elle. Quelle que soit la pièce à vivre que vous leur réserverez, elle doit être en rapport avec votre capacité d'hébergement ; si vous possédez cinq chambres, vos hôtes se sentiront à l'étroit et mal à l'aise dans un salon de 10 mètres carrés où vous n'installez qu'un canapé et deux chaises ; le lieu de vie doit être réellement de taille suffisante pour que vos hôtes puissent, selon leurs envies, s'isoler ou bavarder sans se gêner les uns les autres. Pensez aux soirées pluvieuses : il est agréable de se regrouper autour d'une cheminée ou d'un poêle… Par ailleurs, si vous craignez de devoir arbitrer des conflits, évitez l'installation d'un téléviseur ; les chambres d'hôte sont faites pour l'échange, la discussion… ;

• si vous faites également table d'hôte, vous devez prévoir une salle à manger et fournir le linge de table. Nappes, serviettes et gants de service doivent être d'une propreté irréprochable. Soyez aussi attentif à la qualité et à la propreté de votre vaisselle, votre lave-vaisselle doit être en bon état de fonctionnement. Attention également aux chaises dépareillées. Sachez aussi que le principe de la table d'hôte veut que les propriétaires prennent leur repas avec leurs hôtes, prévoyez donc d'être présents à table.

DES LOGEMENTS ACCESSIBLES À TOUS

Rendre ses gîtes et chambres accessibles aux personnes handicapées et une préoccupation à laquelle un nombre croissant de propriétaires sont sensibles. Pour les aider dans cette démarche, les pouvoirs publics ont mis en place des dispositifs d'aides et de conseils à l'aménagement. Une subvention est également prévue pour les propriétaires qui obtiennent le label « Tourisme et handicap ».

De façon concrète, adapter un logement aux personnes handicapées moteur, c'est travailler à faciliter leur vie au quotidien, sur des actions aussi simples que :

• accès depuis l'extérieur : construction d'une rampe d'accès, portes collectives d'une largeur de 90 centimètres minimum, dégagements dans les parties communes ;

• abaissement des allèges des fenêtres, des interrupteurs et poignées de porte ;

• utilisation des sanitaires ; sols non glissants, sans obstacles dans lesquels la roue puisse buter, barre de soutien pour accéder à la cuvette des toilettes, abaissement du lavabo et espace vide situé en dessous, douche sans bac receveur, etc.

▶ **Contact :** pour vous aider à concevoir les aménagements spécifiques aux personnes handicapées, contactez votre comité départemental de tourisme ou consultez le site www.tourisme-handicaps.org

Hygiène et sécurité, des impératifs absolus

La crise sanitaire de la Covid- a remis en lumière (si besoin était !) l'absolue nécessité d'une hygiène irréprochable. Outre le nettoyage « classique » de votre chambre d'hôte ou de votre gîte, de nouvelles pratiques se sont ajoutées pour assurer la désinfection des lieux.

Ce nouveau protocole étant susceptible d'évoluer en fonction de l'actualité, le plus sûr est de vous rapprocher de votre label ou de votre comité régional ou départemental du tourisme pour en connaître la mise à jour. Beaucoup d'entre eux diffusent le *Guide des bonnes pratiques locations saisonnières dans le contexte de la crise sanitaire Covid-19*, publié par ADN Tourisme en mai 2020 pour préparer la réouverture des hébergements touristiques après le premier confinement.

Ce guide rappelle trois ensembles de bonnes pratiques à observer :

1/ Les mesures sanitaires générales
Se laver régulièrement les mains, porter un masque, éternuer dans son coude, saluer sans serrer les mains, etc.

2/ Le nettoyage des hébergements désormais en vigueur
Réaménager le logement : enlever bibelots, coussins, plaids, petits meubles non essentiels, limiter livres et revues, protéger certains objets (télécommande, claviers, manettes de jeu…) avec du film plastique ;
Nettoyer le logement avec des gants à usage unique, après avoir aéré pendant 20 mn, désinfecter le nécessaire de ménage, privilégier un sens de circulation, nettoyer de haut en bas, etc.
Réapprovisionnement en consommables (gel hydroalcoolique, produits nettoyants, sacs poubelle…).
Disposition pour le lavage et la désinfection du linge de table et de bain.
Check-list de nettoyage et désinfection.
À noter que désormais, le nettoyage des chambres d'hôtes pendant le séjour de locataires ne pourra se faire qu'avec leur accord express.

3/ L'accueil « sanitaire » des locataires
Prévoir des temps de ménage et d'aération supplémentaire entre deux réservations.
Respecter le nombre maximum de personnes pouvant être accueillies au même moment suivant l'évolution de la législation.

Veiller au respect des gestes barrières et de la distance de sécurité au moment de l'accueil
Suivant les dispositions en vigueur, il est possible que les tables d'hôtes soient interdites. En revanche, il est possible de prévoir la préparation et la vente de paniers ou plateaux-repas.

Outre ces dispositions nouvelles, la sécurité est aussi un poste auquel vous devez accorder toute votre attention.

À table !

La table d'hôte (et les petits-déjeuners) entraîne des contraintes sanitaires bien précises. L'arrêté du 9 mai 1995, qui réglemente l'hygiène des aliments, précise notamment les points suivants, que vous devrez observer très strictement.
Pour les locaux : bon état de propreté et d'entretien. Ils ne doivent pas entraîner un risque de contamination des aliments et doivent permettre la mise en œuvre de bonnes pratiques d'hygiène. Vous devez disposer d'un nombre suffisant de lave-mains, distincts des éviers dans lesquels vous laverez les denrées alimentaires. Rappelons que les WC ne doivent pas déboucher dans le lieu de préparation des repas.

▶ **Renseignements :**
Pour toute question concernant l'hygiène et les contraintes sanitaires liées à la table d'hôte, contactez la direction départementale de la protection des populations (DDPP), ou la direction départementale de la cohésion sociale et de la protection des populations (DDCSPP), dont vous trouverez la liste sur le site du ministère de l'Économie et des Finances : http://www.economie.gouv.fr/dgccrf/ coordonnees-des-DDPP-et-DDCSPP
Et comme on ne saurait être trop prévoyant, vous pouvez aussi souscrire une assurance vous protégeant en cas d'intoxication alimentaire !

À l'eau !

Les piscines privées nouvellement construites ou anciennes, à usage individuel ou collectif, doivent être pourvues d'un dispositif de sécurité.

Un décret fixe les normes de sécurité auxquelles les dispositifs homologués doivent se conformer :

> *« • les barrières de protection doivent être réalisées, construites ou installées de manière à empêcher le passage d'enfants de moins de 5 ans sans l'aide d'un adulte, à résister aux actions d'un enfant de moins de 5 ans, notamment en ce qui concerne le système de verrouillage de l'accès, et à ne pas provoquer de blessure ;*
> *• les couvertures doivent être réalisées, construites ou installées de façon à empêcher l'immersion involontaire d'enfants de moins de 5 ans, à résister au franchissement d'une personne adulte, et à ne pas provoquer de blessure ;*
> *• les abris doivent être réalisés, construits ou installés de manière à ne pas provoquer de blessure et être tel que le bassin de la piscine, lorsqu'il est fermé, est inaccessible aux enfants de moins de cinq ans ;*
> *• les alarmes doivent être réalisées, construites ou installées de manière que toutes les commandes d'activation et de désactivation ne doivent pas pouvoir être utilisées par des enfants de moins de 5 ans. Les systèmes de détection doivent disposer d'une sirène et ne pas se déclencher de façon intempestive. »*

Rappelez néanmoins à vos hôtes que rien ne remplacera la vigilance et la surveillance qu'ils exerceront sur leurs enfants. Incitez-les notamment à les équiper de brassards flottants.
Soyez également vigilant si vous possédez un plan d'eau, étang, mare ou même simple bassin : pour les plus jeunes enfants, quelques minutes d'inattention suffisent à provoquer une noyade. Signalez clairement les endroits à risques et insistez également sur la nécessité de ne jamais laisser les enfants s'approcher seuls de ces endroits.

Au feu !

L'installation de détecteurs de fumée est désormais une obligation pour tout logement. Ces détecteurs constituent la première protection contre les incendies.
Si, en deçà de 15 personnes accueillies, vous n'avez pas d'obligations spécifiques à remplir en matière de sécurité, les services d'incendie et de secours conseillent vivement de suivre les dispositions suivantes :
- attestation à jour de conformité des installations gaz et électricité ;
- présence d'extincteurs ;
- formation sur la conduite à tenir en cas d'incendie ;
- téléphones fixes accessibles à tous (pour prévenir les secours).

Au-delà du nombre réglementaire de 15 personnes accueillies, vous devenez un établissement recevant du public. Cette distinction implique que vous preniez certaines précautions en matière de prévention des incendies et d'accessibilité des personnes handicapées moteur : alarme à incendie, visite de la commission de sécurité, présence d'extincteurs, de dégagements utilisables en sortie de secours, d'un éclairage de sécurité, d'un poteau incendie normalisé ou d'une réserve d'eau, etc. Si vous vous trouvez dans ce cas, contactez votre service départemental d'incendie et de secours pour connaître les travaux à effectuer.
Vous devez posséder un certificat d'entretien en cours de validité pour la chaudière ou le chauffe-eau, de ramonage pour la cheminée.

▶ **Renseignements :** Services départemental d'incendie et de secours. Coordonnées sur les pages jaunes ou sur :
www.interieur.gouv.fr, rubrique « Sécurité civile ».
Généralement, les sites de Sdis sont libellés de la façon suivante : www.sdis[numéro de votre département].fr, soit par exemple : www.sdis09.fr pour l'Ariège.

Bobo !

Une trousse à pharmacie bien équipée est indispensable pour soigner coups, blessures, brûlures... Vérifiez régulièrement la date de péremption des antiseptiques et des produits de premiers soins. Rappelons qu'il est judicieux de passer son brevet de secourisme lorsque l'on accueille du public (voir p. 54).
Tenez à jour et à portée de main, une liste avec les coordonnées des médecins, généralistes et spécialistes, ainsi que des pharmacies les plus proches (pensez au numéro de serveur indiquant la pharmacie de garde). Indiquez-y également les coordonnées du centre hospitalier le plus proche de chez vous.
En plus du numéro d'appel du Samu (15), ou d'urgence générale (112, comme dans toute l'Union européenne), n'oubliez pas que vous pouvez joindre les secours par texto en composant le 114.

La décoration

A priori, rien de plus subjectif que la décoration, et nous ne saurions vous donner ici des conseils valables pour tous les types d'intérieur. Certes, la décoration et l'aménagement de vos locations porteront votre empreinte. Cependant, votre budget vous limitera forcément ; si votre propre intérieur s'est bâti par petites touches, au fil des ans, vous devez pour vos locations concevoir et mettre en place rapidement une décoration choisie et de bon goût. En tout point, n'oubliez pas le caractère traditionnel et « de charme » que vos hôtes s'attendent généralement à trouver. Cependant, cela n'empêche pas non plus l'utilisation d'un mobilier résolument moderne et très contemporain.

« Nous adorons la décoration, chiner, retaper de vieux meubles, créer des objets… Pour autant, nous veillons à ne pas imposer nos goûts aux personnes que nous accueillons. Nos hôtes doivent pouvoir s'approprier le lieu, ce qui ne serait pas possible si les chambres et les gîtes étaient trop empreints de notre personnalité. Nous misons sur la sobriété et un certain classicisme : des espaces lumineux, des couleurs douces, harmonieuses, choisies en camaïeu. Sur les murs, les photos, de paysages uniquement, sont en noir et blanc. Quelques petites touches discrètes, un galet, un bois flotté, rappellent la mer toute proche. Dans la pièce à vivre de notre maison, nous n'avons exposé aucune photo de famille. Partout, nous recherchons une décoration qui nous ressemble, sans que cela ne soit jamais appuyé. » (Hélène Robo, la maison de la Mare.)

« Lorsque nous avons examiné l'offre touristique autour de chez nous, j'ai été frappée par le fait qu'il existe beaucoup de très jolies maisons dans la région, mais que souvent, l'aspect esthétique se limite à la façade ; passé le seuil, j'avoue avoir été surprise par des décorations un peu vieillottes ou sans âme. Or, pour nous, c'est un élément essentiel du confort et de l'agrément du séjour. C'est pourquoi nous en avons fait l'un des points forts de notre développement. Nous n'utilisons que des matériaux à l'ancienne ; tuiles canal, dallage en pierre au sol, chaux ferrée sur les murs. Nous ne disposons que des meubles anciens, de famille ou chinés. Notre site présente de nombreuses photos des intérieurs, et nos hôtes sont unanimes ; la décoration entre pour une part majoritaire dans leur choix de venir chez nous. » (Catherine Lambert, le Maine.)

« Faire ses achats déco, linge, mobilier, accessoires (savons, parfums d'ambiance, cadeaux clients…) avec des conditions professionnelles est vraiment très sympa : on a passé deux jours au salon Maison et Objet quand on a équipé la maison d'hôtes. On doit être polyvalents dans ce métier : achats, comptabilité, commercial, communication… C'est aussi tout l'intérêt de monter sa société et de développer son business ! »*
(Karine Caillat, Bonheur & Bohème).

*Tous les ans, au mois de janvier à Paris, www.maison-objet.com

De façon générale, en décoration, il n'est pas forcément nécessaire de consacrer un budget pharamineux (évitez les effets de mode), mais plutôt beaucoup de temps pour aménager, rechercher, chiner de jolis éléments, les bricoler, etc.
Les chambres d'hôte sont souvent des pièces déjà équipées que vous ouvrez à vos visiteurs. Néanmoins, dès lors que vous le destinez à votre clientèle, adoptez un regard plus critique sur votre hébergement, votre mobilier et votre équipement. Traquez et supprimez ce qui apparaît trop usé ou ancien.

Si vous possédez un goût déjà bien affirmé pour la décoration et s'il s'agit pour vous d'une véritable passion, donnez-vous en à cœur joie, car cela constituera l'identité de votre gîte et fera même la différence par rapport à vos concurrents.

« Dans le gîte du Pêcheur, une ancienne écurie, nous avons conservé le sol en brique, des mangeoires dans les angles et aux murs, une belle auge ancienne dans le coin salon, et même les rigoles d'évacuation le long des murs ! »
(Marguerite Melet, ferme de Port-Aubry.)

Parfois, rappeler tout simplement la mémoire des lieux, conserver des éléments des bâtiments de travail, permet de constituer un environnement personnalisé et original.
Si vous ne pensez pas avoir de talents particuliers en matière de décoration, retenez quelques conseils simples qui vous permettront de ne pas commettre d'impair, ou de vous lancer dans des aménagements trop difficiles à réaliser.

Des logements sains, spacieux et bien éclairés

Même s'ils sont liés au gros œuvre, rappelons ici que l'isolation, le bon état des murs et des sols, l'absence d'humidité, un chauffage efficace, un nombre suffisant d'ouvertures et d'aération participent au confort et à l'élégance de vos pièces.
Pour des éclairages économiques, pensez aux ampoules à basse consommation.

La simplicité

Elle est souvent gage de bon goût, surtout si vous ne possédez pas un œil averti de décorateur vous permettant d'allier l'audace et la sophistication. Évitez de multiplier les couleurs, les motifs et les styles, mais misez au contraire sur l'unité du mobilier et l'harmonie des tons. Ne surchargez pas les murs de cadres, ni les fenêtres de rideaux

trop bariolés. Si vos chambres d'hôte sont peu à peu devenues des « musées », pleins de souvenirs et de bibelots, faites le tri et n'en conservez que quelques-uns ; cela vous fera autant d'objets en moins à épousseter. Dans un gîte, limitez-les aussi au maximum, ils risqueraient d'être cassés ou abîmés par les visiteurs successifs. Agissez de même pour les tableaux, cadres photos et miroirs.
Pour personnaliser des chambres d'hôte, de nombreux propriétaires prennent le parti d'attribuer une couleur à chacune, ce qui facilite l'aménagement et constitue un moyen aussi simple que sympathique de les distinguer les unes des autres. Par ailleurs, souvenez-vous que rien ne vous empêche de perfectionner peu à peu les lieux, par petites touches, en fonction des remarques de vos visiteurs et de l'évolution de vos envies ; ne cédez donc pas à la tentation du « total look » définitif pour l'ouverture de vos hébergements.

Des fleurs fraîches dans un vase élégant (et stable !), des fruits dans un joli compotier... participent aussi agréablement à la présentation des lieux. Un joli panier d'osier disposé dans un coin pour aller au marché... les citadins habitués aux supermarchés vont en raffoler !

Recycler ses vieux meubles ? Oui, mais...

Il est normal d'équiper un gîte ou des chambres avec du mobilier dont vous disposez déjà, plutôt que de tout racheter neuf. Cependant, attention à l'effet « bric-à-brac » ; en aucun cas vos hôtes ne doivent avoir le sentiment que votre gîte est un lieu de débarras pour vos vieux meubles. Si vous disposez de meubles réellement anciens, de pièces réalisées par des artisans, transmis de famille ou chinés, n'hésitez pas à vous en servir ; veuillez simplement à les nettoyer soigneusement, les recirer ou les repeindre (quitte à les transformer), à ce qu'ils ne soient pas bancals, que les tiroirs coulissent bien et que les portes se ferment correctement. Pour le mobilier fabriqué en série, soyez plus vigilant et ne vous en servez pas s'ils présentent trop de signes d'usure : bancals, d'aspect démodé, éléments manquants... Une ancienne et jolie commode cirée, oui, un buffet dont le Formica s'écaille en laissant voir l'aggloméré, non. Pensez-y aussi si vous chinez ou que vous vous fournissez auprès de ressourceries.
La même remarque vaut également pour le linge de lit et de toilette, ainsi que pour la vaisselle. Ce couvre-lit que vous contemplez avec attendrissement parce que vos enfants se sont roulés dessus (quand ils étaient tout jeunes ; ils sont maintenant adultes), semblera un tissu usé et démodé pour toute personne extérieure à votre famille. Pour les équipements, le « fait main » possède un charme indéniable, mais le pichet tarabiscoté que votre neveu de

12 ans vous a offert à l'issue d'un stage de poterie ne rencontrera aucune indulgence de la part de vos hôtes s'il ne permet pas de verser l'eau correctement.

Textiles et vaisselle

Investissez dans du linge de toilette et de lit neuf et de bonne qualité, par souci d'hygiène et de présentation, mais aussi pour ne pas avoir à en racheter trop souvent ; une serviette effilochée ou aux couleurs passées ne peut être admise et, dans ce cas, c'est toute la parure que vous risquez de devoir changer. Pour cette raison, privilégiez les couleurs unies aux motifs « tendance » du moment. Prévoyez des jeux de draps et serviettes en nombre suffisant pour pouvoir assurer la rotation de vos différentes chambres ou préparer un gîte sans avoir à laver, sécher, repasser trop de textiles dans la même journée. Enfin, pour la vaisselle, multipliez par trois la capacité du gîte pour connaître le nombre de pièces à prévoir : ainsi, pour un gîte de 6 personnes, prévoyez 18 assiettes plates, creuses, à dessert et autant de fourchettes, couteaux, cuillères, verres, etc.

Même pour le salon de jardin, évitez vaisselle et couverts en plastique, pour des considérations écologiques autant qu'esthétiques !

Pour les rideaux, optez pour des voilages clairs et légers, surtout si vos pièces sont petites ; ils agrandiront l'espace et tamiseront la lumière. Pour les doubles-rideaux, pensez à prendre des matières lavables en machine et préférez, une fois de plus, des coloris unis, en harmonie avec l'ameublement, plutôt que des motifs trop chargés.

Murs, sols et surfaces

Pour ces deux postes, l'hygiène doit rester votre objectif premier, ce qui vous aidera à choisir des matériaux adaptés. Peintures lessivables aux murs, sur les portes et huisseries. Les revêtements à l'ancienne, chaux teintée ou blanche, enduit ciré, glacis, lambris, sont souvent économiques, peu fragiles et renforceront l'aspect traditionnel de votre habitat. Carrelage, parquet ou matières naturelles aux sols.

Évitez d'utiliser de la moquette : il est très difficile de la maintenir dans un état impeccable, notamment en cas de traces de boue, de taches diverses. Par ailleurs, certains de vos locataires peuvent être allergiques aux acariens.

Dans les sanitaires et la cuisine, optez pour des surfaces carrelées et nettoyables facilement. Pensez à vous faciliter la vie lorsque vous devrez passer derrière vos locataires (c'est indispensable) pour redonner un coup de propre : le grand ménage avant l'arrivée des locataires suivants.

S'informer

Dans les maisons de la presse, vous trouverez de nombreux magazines où piocher des idées faciles à réaliser et de bonnes adresses de détaillants. La palette est très large et s'adresse à tous les budgets : *Maisons côté Sud, Est* et *Ouest, Maison et Travaux, Maison créative, Votre Maison, Votre Jardin, Maison Bricolage* et *Décoration, Maison française, Elle Décoration, Maisons de campagne, Prima Maison,* etc. Vous trouverez régulièrement des idées d'aménagement ou de bricolage dans la presse quotidienne ou hebdomadaire et les magazines féminins. Pensez également aux revues distribuées dans les points de vente de bricolage. Sur Internet, vous trouverez la version électronique des magazines papier, mais également d'autres sites spécialisés, comme www.decoclico.fr, www.deco-in.com, www.ma-decoration.net, www.trucsetdeco.com, etc. Le secteur de la décoration a aussi le vent en poupe du côté des chaînes de télévision, et plusieurs émissions ou spots de promotion lui sont consacrés.

L'environnement

Les extérieurs de votre maison doivent faire l'objet des mêmes soins et attentions que l'intérieur. En toute saison, vos hôtes doivent éprouver le même plaisir à se trouver dans les chambres ou espaces de vie qu'à déambuler, musarder ou s'activer dans le jardin.

> *« Les gîtes et notre maison sont mitoyens ; entre les trois habitations, nous avons placé des claustras avec des plantes grimpantes. Les terrasses sont assez spacieuses et donnent sur un jardin commun. La séparation n'est pas trop marquée, car nous souhaitons que l'esprit reste assez convivial et que les gens puissent aussi se rencontrer. Le jardin est assez grand pour que l'on puisse s'isoler si le besoin s'en fait sentir, et l'un des gîtes possède une deuxième terrasse, plus à l'écart. »* (Michel Pustoc'h, gîtes de Kerjoa.)

Les espaces verts

Les espaces verts sont partie prenante du plaisir de se trouver dans une maison, particulièrement pour des vacanciers en provenance des centres-villes. Si vous possédez plusieurs gîtes, veillez à délimiter pour chacun des espaces de verdure privatifs et d'autres, communs, où vos locataires pourront se retrouver.

Veillez bien entendu à l'entretien régulier. Les pelouses doivent être tondues régulièrement, sans mauvaises herbes, leur terrain, plat et sans ornières dans lesquelles risquer une entorse. Si vous avez un espace potager, un verger, apportez-leur le même soin, surtout si vous organisez des séances d'initiation à la botanique.
Rien n'empêche que certains espaces soient laissés en friche, que vous y acceptiez des herbes folles. Mais vos hôtes doivent aussi pouvoir profiter à leur aise d'une verdure plus maîtrisée.

Pensez aux éclairages nocturnes de votre terrain pour permettre des promenades romantiques au clair de lune... Pensez aux lampes solaires qui se rechargent le jour au soleil et diffusent leur lumière une fois la nuit tombée. Sérénades, économies, écologie !

Le matériel de jardin et les jeux d'enfants

Un salon de jardin privatif est prévu à partir d'un classement de deux étoiles ; assurez-vous qu'il soit toujours en bon état : tables et chaises toujours propres (attention aux miettes des précédents occupants coincées dans les rainures), non bancales, parasol en bon état de fonctionnement, sans baleine à nu. Le mobilier de jardin en bois est bien sûr plus cher à l'achat et demande un entretien plus régulier et plus exigeant que le plastique ou le métal. Mais il ne jaunit pas et ne rouille pas. Il existe maintenant des solutions de remplacement aux chaises longues d'antan dans lesquelles il était si courant de se pincer cruellement les doigts. Veillez à ce point précis lorsque vous les achetez. Enfin, prévoyez aussi des coussins de chaise facilement lavables et des toiles cirées pour l'extérieur.

De nombreux magasins de jouets ou des sites de vente par correspondance proposent une large gamme de jeux pour enfants. Dans la mesure du possible, privilégiez là aussi le bois, qui se fondra davantage dans la verdure et dont les couleurs ne présenteront pas un aspect passé dès la fin du premier été, ce qui est le cas du plastique. Cabanon, portique de balançoire, tourniquet, toboggan... vous n'avez que l'embarras du choix. Pour les bacs à sable, choisissez un modèle que vous pouvez recouvrir, surtout si vous avez des animaux ou si vous acceptez ceux de vos visiteurs. En revanche, à vous de trouver le bon compromis pour installer ces aires de jeux ; pas trop près des habitations pour ne pas troubler le calme et la tranquillité par les cris des enfants, pas trop loin non plus pour que les parents puissent les surveiller facilement.

Les bordures et les clôtures

Ayez toujours le même souci d'unité concernant les clôtures que vous installerez autour et à l'intérieur de votre terrain. Si vous utilisez des clôtures métalliques pour délimiter des espaces privatifs entre plusieurs gîtes, faites-y pousser des plantes grimpantes, odorantes et colorées.

Aménagez un espace clos et propre pour les poubelles et organisez-y le tri : papier, verres, déchets organiques (qui se transformeront utilement en compost). En conséquence, prévoyez des poubelles et bacs de tri en nombre suffisant.

L'aménagement des aires de stationnement et la signalisation

Chaque gîte que vous louez doit posséder son espace de stationnement, pas trop éloigné de la location, mais pas non plus situé juste sous les fenêtres. Délimitez soigneusement ces espaces, et prévoyez un bon éclairage nocturne, cela participe aussi de la sécurité de tous. Si la sortie de votre propriété présente quelques dangers, pente assez forte, sortie dans un virage ou manque de visibilité, pensez à le signaler à vos hôtes dès que vous les avez au téléphone et installez un miroir, voire un portail avec phare clignotant si nécessaire.

Si votre propriété débouche sur une route, vous pouvez aussi vous rapprocher de votre mairie ou des services de l'équipement pour signaler que votre activité entraîne un surcroît de passages et plaider votre cause pour que la zone soit limitée en vitesse.
Enfin, c'est également de votre direction départementale de l'équipement que vous devez vous rapprocher pour obtenir l'autorisation d'implanter des panneaux de signalisation siglés par le label que vous avez choisi. Ces panonceaux, dont le coût varie d'un label à l'autre, permettront à vos locataires de trouver plus facilement votre emplacement.
À l'entrée de votre propriété, un macaron signalera également votre appartenance à un label ou simplement votre homologation Atout France avec le nombre d'étoiles qui vous sont attribuées.

CHECK-LIST

VOS INVESTISSEMENTS

Vos priorités constantes : économies d'énergie, hygiène et sécurité, esthétisme, préservation de l'aspect patrimonial de vos locations.

Les travaux de construction, de transformation ou d'extension

✓ Se rapprocher des associations et structures d'aides à l'architecture pour connaître les contraintes liées à l'habitat de votre région.
✓ Consultation d'un architecte au-delà de 170 mètres carrés.
✓ Dépôt d'un permis de construire en mairie.
✓ Consultation des artisans.
✓ Maçonnerie, toitures et charpentes, ouvertures, huisseries, sols et murs. Système de chauffage, révision complète de l'électricité, accès à l'eau, ventilation.
✓ Montage des cloisons, délimitation des espaces.
✓ Sanitaires.
✓ Organisation de la cuisine permettant la préparation des repas pris en commun.
✓ Construction piscine, aires de jeux, terrains de sport…
✓ Délimitation des aires de stationnement.
✓ Délimitation entre les gîtes, entre les gîtes et vos zones privatives ou zones d'activité pour une exploitation agricole.
✓ Organisation de l'accès des hôtes aux espaces de vie en commun dans une maison d'hôte.
✓ Signalisation de votre hébergement.

Les équipements

✓ Décoration.
✓ Mobilier.
✓ Electroménager.
✓ Vaisselle, linge de table et de toilette.

Les extérieurs

✓ Entretien et fleurissement des espaces verts.
✓ Accès à un local poubelles.
✓ Clôture de terrain.
✓ Éclairage nocturne.
✓ Signalisation routière fléchant l'accès à votre gîte. Macaron à l'entrée indiquant votre adhésion à un label.

GÎTES DE KERJOA
MARIE-LOUISE ET MICHEL PUSTOC'H
Kerjoa, 29340 Riec-sur-Belon
Tél. : 02 98 09 11 46
www.kerjoa.com

Deux gîtes de quatre et cinq personnes

Entre plages et cité des peintres de Pont-Aven, dans une campagne encore préservée, les deux gîtes de Marie-Louise et Michel accueillent des visiteurs fidèles, amateurs d'art autant qu'adeptes de nautisme, de baignades et de randonnées. Marie-Louise a la main verte : sa locataire de la semaine, émerveillée, photographie la profusion d'hortensias, de roses, de pivoines et de pavots qui inonde le jardin de couleurs joyeuses et lumineuses.

« En 1983, au décès de mon père, les bâtiments de la ferme ont été partagés entre les enfants ; mon mari et moi avons hérité de l'étable. Les bâtiments, construits en 1904, tombaient quasiment en ruine. Dans le même temps, la mairie nous obligeait à reprendre une activité agricole ou à restaurer les bâtiments à l'identique, ce qui nécessitait de gros investissements.

Michel était infirmier et moi, comptable, nous habitions et travaillions à Quimper. Nos deux fils n'avaient qu'une dizaine d'années. La solution du gîte nous est apparue comme la meilleure façon de financer la restauration de l'ensemble, tout en poursuivant nos activités respectives. Par contre, nous y avons passé tous nos week-ends pendant cinq ans ; nous avons préparé le terrain aux entreprises en retirant les ardoises, la volige, entre autres. Les artisans se sont ensuite chargés du gros œuvre, de la maçonnerie, des ouvertures à créer, de l'électricité, etc. Dans cette étable longue de 30 mètres, il s'agissait de construire pas moins de trois logements, les deux gîtes et notre future maison pour la retraite. Nous avons tracé les plans nous-mêmes, à partir de nos envies, des idées que nous avions glanées dans d'autres maisons. Un été, en vacances, nous sommes même entrés chez un promoteur immobilier en nous faisant passer pour des acheteurs et nous avons consulté les plans, cela aussi nous a donné des idées ! À l'époque, c'était plus facile de faire les plans soi-même. Aujourd'hui, les Gîtes imposent des normes plus drastiques pour les constructions ; leur service conseil peut aussi vous aider à élaborer les plans.

Les travaux d'ensemble ont débuté en 1986-1987 ; ils ont duré un an pour chaque gîte. Nous avons investi en moyenne 250 000 francs (environ 38 000 euros) pour chacun d'entre eux. Sans oublier les 4 000 mètres carrés de terrain à nettoyer, réagencer, semer, et ensuite, entretenir ! Le tout sans aucune aide ni subvention car, à l'époque, elles étaient réservées aux seuls agriculteurs qui ouvraient des gîtes. Heureusement que nous avions nos deux salaires, c'est comme cela que nous avons pu tout assumer, mais au prix d'un budget très serré ! Nos gîtes sont ouverts toute l'année. Pendant quinze ans, nous avons cumulé notre activité professionnelle et l'accueil des touristes le week-end. C'est une forme de sacrifice : impossible de partir en vacances durant l'été puisqu'il faut être présent pour accueillir les arrivants, leur faire découvrir notre si belle région mais aussi pouvoir intervenir rapidement en cas de problème.

Nous sommes classés en trois épis par les Gîtes de France. Nous apprécions l'accompagnement qu'ils nous apportent (même si je n'ai pas toujours le temps de suivre les nombreuses formations qu'ils proposent). L'appartenance au label nous donne une bonne visibilité au niveau national. Pour les réservations, les locataires peuvent passer par la centrale des Gîtes, mais, depuis que notre fils nous a créé un site Internet, les gens nous contactent de plus en plus directement. Nous rédigeons les contrats nous-mêmes, ce qui évite de payer la commission de 10 % et les 15 euros de frais que les Gîtes prélèvent sur chaque contrat.

Les choses sont beaucoup plus faciles pour nous maintenant que nous avons pris notre retraite et que nous habitons sur place. Nous percevons chacun notre retraite, ce qui nous assure des revenus réguliers. Nos gîtes sont occupés entre 45 et 50 semaines par an, car nous sommes situés dans une région privilégiée pour ce qui est du tourisme. Les locations nous rapportent une moyenne annuelle de 12 000 euros de chiffre d'affaires, auxquels il faut retirer environ 30 % de charges, entre l'eau, l'électricité, l'entretien, les petits travaux, les réparations, le rachat de vaisselle cassée, la remise à neuf du linge de table ou des draps que nous louons, etc. Rapporté au temps que nous y passons, cela dégage moins que le Smic ! Si nous ne devions compter que sur les locations, ce ne serait pas suffisant.

C'est aussi une activité assez incertaine ; les gens s'y prennent de plus en plus tard pour réserver. En général, je me méfie des réservations de dernière minute. Je garde un mauvais souvenir d'une veille de Noël où je suis venue attendre une famille qui finalement n'est jamais arrivée !

Comme la réservation avait été faite deux jours avant par téléphone, j'avais accepté qu'ils me règlent l'intégralité du séjour le jour en arrivant. Autant dire que nous n'avons jamais rien reçu… Il faut aussi compter sur les impondérables ; ce printemps, nous avons eu six semaines de désistement de la part d'un comité d'entreprise !
Heureusement, nous pouvons compter sur des fidèles : chaque année, durant quatre semaines en août, nous accueillons la même famille depuis vingt ans ! Cette année par exemple, quinze semaines sont réservées par des habitués. Pour nous, c'est bien sûr une sécurité, mais c'est aussi très agréable de retrouver les mêmes personnes d'année en année. À nos débuts, nous avions accueilli une famille dont les deux filles étaient bébés ; cette année, elles viennent de passer leur bac et nous les accueillons toujours ! »

LA RENARDAIS
MICHÈLE LEBOTH
ET PASCALE BÉRANGER
2, Le repos
22 490 Plouër-sur-Rance
Tél. : 06 28 53 60 43
larenardais.com

Quatre chambres et un gîte

C'est à Plouër-sur-Rance, charmante petite ville nichée dans la campagne bretonne, à proximité immédiate de Saint-Malo, Dinard et Dinan, que La Renardais a ouvert ses portes en avril 2016. Tout ici se prête à profiter pleinement de cette région où « il fait beau plusieurs fois par jour ». Un intérieur lumineux et chaleureux, où un bel escalier dessert de grandes chambres aménagées avec confort, simplicité et élégance. Une table d'hôte aussi savoureuse que généreuse. Entre ombre et soleil, un jardin à l'anglaise offre de nombreux petits recoins invitant au farniente. Une adresse où il fait bon vivre et se sentir « comme à la maison ».

« Tous deux anciens professionnels dans le secteur du handicap, nous souhaitions changer d'activité et gagner en indépendance. Pascal avait depuis longtemps le rêve de tenir une maison d'hôtes. Cela me convenait également, car c'est une activité fondée sur les relations humaines, ce qui nous tient particulièrement à cœur ; nous éprouvons un profond intérêt pour les personnes que nous accueillons et les rencontres que cela permet.
En matière d'accueil, nous étions conscients du travail plus important que requièrent les chambres d'hôtes par rapport à la location de gîte. Cependant, c'est la première activité que nous avons lancée, car elle offre plus de liens et de relations avec les hôtes, cela nous semblait plus intéressant et plus vivant.

Travaux
La maison que nous avons trouvée se prêtait parfaitement à la création de chambres d'hôtes… une fois la décoration entièrement refaite ! Elle comprenait quatre chambres, dont une suite familiale de deux chambres, ainsi qu'une partie pouvant être isolée en appartement privé pour nous et un jardin très agréable. Nous l'avons achetée en décembre 2015.

Il n'a pas été nécessaire d'entreprendre de trop gros travaux, à l'exception de deux salles de bains à refaire entièrement, mais cela a représenté un très vaste chantier de décoration. Les anciens propriétaires avaient un style très différent du nôtre et l'ensemble était très sombre. Il nous a fallu tout reprendre, planchers, sols, peintures, achat de mobilier… Nous avons misé sur un ameublement de qualité (en particulier la literie), l'ensemble a représenté un montant important. C'est un investissement significatif, mais qui correspond au positionnement haut de gamme que nous souhaitions adopter. En revanche, et à notre regret, nous avons dû renoncer aux travaux qui nous auraient permis de rendre la maison accessible à un public en situation de handicap moteur. Pourtant, c'est une question à laquelle notre précédent métier nous avait sensibilisés. Par ailleurs, comme nous avons effectué tous les travaux nous-mêmes (avec des coups de main bienvenus de la part de copains, surtout dans les dernières semaines avant l'ouverture !), nous n'avons pas sollicité de subventions, car nous ne pouvions pas fournir de factures d'artisans. Après ce réaménagement et ce chantier de décoration mené tambour battant (trois mois !), nous avons ouvert début avril 2016.

Positionnement : une maison d'hôte, trois spécialités

Après quelques mois de fonctionnement, et après avoir compté des commerciaux en déplacement parmi notre clientèle, nous avons réalisé que nous avions une carte à jouer dans l'accueil de professionnels. Nous avons alors développé un tarif "soirée étape mid-week", du dimanche soir au jeudi soir. Le dîner est compris dans le tarif de la chambre, c'est très avantageux. C'est une façon de nous démarquer, d'avoir un positionnement original et de compléter nos réservations en semaine. Pour cette clientèle en déplacement professionnel, la chambre d'hôte offre davantage de convivialité qu'un hôtel, avec l'assurance d'une vraie tranquillité. Pour autant, et malgré nos efforts de communication (avec l'édition d'une plaquette notamment), cette offre ne représente actuellement qu'une faible partie de notre clientèle ; il nous reste des efforts à mener en termes de communication pour mieux la faire connaître.

Par ailleurs, Pascal étant entraîneur diplômé de la Fédération Française d'Athlétisme, nous proposons depuis novembre 2017 des stages de running, c'est-à-dire un encadrement pour l'entraînement à la course à pied et la mise en place d'un programme personnel adapté. Que l'on soit débutant ou coureur confirmé, que l'on souhaite courir pour son plaisir, son entretien physique ou pour préparer une course, ce stage permet de gagner en autonomie et donc en performance dans sa préparation.

Enfin, nous démarrons cette année un partenariat avec un photographe qui organise des séjours de photo-randonnée. Nous devenons à la fois le lieu d'hébergement, de restauration mais aussi de séances de

formation théorique, d'analyse et de commentaire des photos réalisées pendant les deux jours du stage. Pour ce stage, nous avons eu des réservations sous forme de bons cadeaux.
Il est important de se démarquer pour gagner en notoriété et ainsi développer son activité.

Amplitude
Actuellement, les quatre chambres représentent 300 nuitées par an, après seulement deux ans d'activité, ce qui est très correct mais reste encore insuffisant pour faire vivre deux personnes.
Nous ouvrons toute l'année, avec une période plus intense entre début avril et la mi-novembre. De façon générale, il est important de savoir s'adapter à la demande : au départ, nous ne souhaitions pas louer entre Noël et le jour de l'An, mais après avoir refusé plusieurs demandes, nous avons décidé d'y répondre favorablement. Et, bien nous en a pris, car la période des fêtes de fin d'année est ainsi devenue une excellente période de location pour nous. Comme nous ne réveillonnons pas chez nous, mais dans la famille ou chez des amis, nous offrons même la possibilité à des familles de privatiser notre maison (à l'exception de notre appartement). En plus des chambres, les hôtes ont alors accès à notre cuisine pour préparer leurs repas. De notre côté, nous ne faisons que passer brièvement, mais l'on se retrouve parfois autour de la table à prendre un verre et discuter avec les hôtes, c'est toujours très sympa !
La maison a aussi déjà été privatisée pour des fêtes de départ en retraite, des mariages ou anniversaires de mariage, etc. Et l'ouverture du gîte ira dans ce sens en nous permettant d'accueillir trois personnes en plus.

2018 : ouverture du gîte
En effet, depuis janvier 2018, nous avons ouvert un gîte à partir d'une dépendance rénovée. Cela a représenté un chantier plus complexe que les chambres puisque nous avons dû tout créer là où il n'y avait qu'une soue à cochons au sol en terre battue : isolation des murs, installation d'un plancher, plomberie, création d'un escalier, d'une salle de bains, d'une petite cuisine… D'une surface de 35 m^2, organisé sur deux niveaux, il peut accueillir trois personnes maximum. Nous aurions pu créer tout simplement la cinquième chambre autorisée dans le cadre d'une maison d'hôte ; nous avons préféré ouvrir un gîte, car cela nous permet d'être présents dans une autre catégorie d'hébergement et d'être donc plus visibles. Toutefois, lorsque les quatre autres chambres seront occupées, nous pourrons aussi le louer en chambre et pas uniquement à la semaine.

Label : Gîtes de France

Nous avons opté pour le label Gîtes de France car c'est celui qui nous semblait le plus visible, le plus ancien et le plus renommé. Et, de fait, nous en sommes très satisfaits. Leurs critères sont exigeants, nous les avions sollicités pour les connaître tandis que nous étions lancés dans nos travaux. Ils nous ont très bien conseillés, en particulier pour les tarifs que nous pouvions proposer, leur cahier des charges et certaines obligations comme l'affichage légal et une formation à la licence IV pour la table d'hôte, qu'ils nous ont indiquée (cela a représenté un jour de formation). Ils sont venus contrôler La Renardais juste avant l'ouverture pour l'attribution des épis ; La Renardais en compte quatre. Le nombre maximal d'épis est de cinq, mais pour les obtenir, nous aurions dû installer un téléviseur dans chaque chambre, ce que nous ne souhaitons pas, nous préférons préserver la tranquillité de la maison. Nous aurions dû également installer des douches balnéo, alors que nous venions de les changer. Ce classement en cinq épis correspond davantage à des maisons plus grandes que la nôtre.

De façon générale, l'équipe de conseillers est très disponible pour la moindre de nos questions, c'est rassurant.

Concernant les réservations, nous avons un agenda partagé avec Gîtes de France, chacun connaît donc en temps réel la disponibilité des hébergements.

Pendant la première année, en plus de notre adhésion (un peu moins de 300 euros par an), une commission de 3 euros était prélevée au client sur chaque réservation passant par le site Gîtes de France. Une fois notre activité lancée, depuis le début de la deuxième année, Gîtes de France nous prélève :

- 10 % sur chaque réservation passant par leur site,

- 5 % si les clients nous contactent en direct (via notre site, que Pascal a réalisé) et que nous les renvoyons vers l'association pour la rédaction du contrat de location.

Bien entendu, lorsque les clients nous contactent directement et que nous rédigeons nous-mêmes le contrat, nous n'avons aucune commission à acquitter.

Promotion

En plus de Gîtes de France, nous sommes également adhérents aux offices de tourisme de Saint-Malo et de Dinan, et donc présents sur leurs sites respectifs. Nous passons aussi par Abritel, qui nous apporte quelques clients, moins cependant que Gîtes de France. Abritel fonctionne avec une majoration pour le client. De notre côté, nous avons développé un site Internet et fait imprimer des cartes de visite et flyers. Nous avons également une page Facebook et nous sommes répertoriés sur TripAdvisor et sur Le Bon Coin (qui nous a apporté

quelques clients). Le référencement le plus performant pour nous étant tout simplement Google.
En revanche, nous n'avons pas souhaité être présents sur Airbnb, car cela ne nous semble pas véhiculer l'image de qualité à laquelle nous sommes si attachés. Ne serait-ce que parce qu'il s'agit de locations où bien souvent, cet accueil de la clientèle à laquelle nous tenons n'existe pas. Or, il s'agit bien pour nous d'une activité où le contact, la qualité et la personnalisation de l'accueil, en bref les relations humaines, priment sur le reste. »

CRÉER SON ACTIVITÉ

PARTIE III

La législation évoluant, ouvrir un gîte ou une chambre d'hôte est une activité qui tend à la professionnalisation. Proposer des chambres d'hôtes à la location est désormais une activité commerciale impliquant la création d'une entreprise. S'il est encore possible de louer un meublé en statut de loueur non professionnel, le développement de votre activité peut rapidement vous amener à créer votre entreprise et adopter, à l'instar des chambres d'hôtes, un statut juridique adapté.

1. Les démarches d'installation

Les meublés de tourisme et chambres d'hôtes sont tout d'abord soumis à déclaration concernant leur existence. Dans un second temps, vous devez aussi déclarer votre activité de location.
Formalités et interlocuteurs diffèrent suivant la nature du logement que vous proposez.

L'immatriculation des entreprises

Le code Naf (Nomenclature d'activités française) ou code APE (Activité principale exercée) identifie le secteur d'activité de l'entreprise. Il s'agit du 55.20 Z pour les chambres d'hôtes et meublés de tourisme, « hébergements touristiques et autres hébergements de courte durée ». Mais il est possible, en fonction de vos autres activités, qu'un autre code vous soit plus approprié. Lorsque vous recevez votre immatriculation, vérifiez votre code Naf en consultant le site de l'Insee : www.insee.fr
Le numéro Siren est utilisé par les organismes publics et les administrations avec lesquels votre entreprise est en relation. Il se compose de trois groupes de trois chiffres attribués en fonction de l'ordre d'inscription de l'entreprise. Le numéro Siret identifie votre établissement : il est demandé notamment par les organismes sociaux, les services fiscaux, l'Assedic. Il se compose de 14 chiffres : le numéro Siren + 5 chiffres complémentaires.

Déclarer vos chambres d'hôtes

En mairie, votre déclaration d'existence

Avant l'ouverture à la location de votre maison d'hôte, vous devez effectuer une déclaration auprès de votre mairie.
Cette déclaration, qui peut s'effectuer en ligne, mentionnera les informations suivantes :
• votre identité ;
• votre adresse ;
• le nombre de chambres proposées à la location ;
• le nombre maximum de personnes pouvant y être accueillies ;
• les périodes d'ouverture à la location.

Veillez à bien conserver l'accusé de réception qui vous sera remis lors du dépôt de votre déclaration.
Par la suite, pensez à déclarer tout éventuel changement concernant l'un de ces éléments, si vous ouvrez une nouvelle chambre par exemple. Cela fera l'objet d'une nouvelle déclaration.
En pratique : imprimé Cerfa n°13566*02 de « déclaration de location de chambre d'hôtes » à consulter en annexe, retirer en mairie, télécharger sur service-public.fr (rubrique « Professionnels », puis « Services en ligne et formulaires »).

Auprès du centre de formalité des entreprises, votre déclaration d'activité

Dès lors que vous exercez l'activité de chambre d'hôte à titre habituel, professionnel, c'est-à-dire que vous souhaitez en retirer un revenu régulier, il s'agit d'une activité commerciale. Vous êtes donc tenu de vous enregistrer au Registre du commerce et des sociétés (RCS) et de vous immatriculer auprès du Centre de formalités des entreprises (CFE) :
• de la Chambre de commerce (coordonnées disponibles sur cci.fr), ou
• de la Chambre d'agriculture si vous êtes un exploitant agricole et que vos chambres sont situées au sein de votre exploitation (coordonnées sur https://chambres-agriculture.fr).
Ces démarches peuvent aussi être réalisées en ligne sur guichet-entreprises.fr
Elles sont obligatoires, même si vous exercez déjà une activité non salariée. Dans ce cas, vous devrez fournir le formulaire P2, d'ouverture d'un nouvel établissement.
Si vous exercez une activité salariée à temps partiel, en complément, vous déposerez le formulaire P0 de création d'activité non-salariée auprès du CFE de la Chambre de commerce.
Nous verrons par la suite la forme juridique que peut prendre votre entreprise.

Affiliation à la sécurité sociale des indépendants

À partir d'un revenu imposable représentant 13 % du plafond annuel de la sécurité sociale (soit 5 348 euros en 2021)[4], vous devez vous affilier au régime social des travailleurs non-salariés pour vos assurances maladie, maternité, vieillesse, invalidité et décès.

4. Ce plafond est réévalué chaque année ; il est communiqué sur le site de l'Urssaf urssaf.fr et sur service-public.fr

Il s'agit :
• de la Mutualité sociale agricole (MSA) si vous êtes agriculteur,
• de l'agence de sécurité sociale des indépendants (secu-independants.fr), intégrée au régime général de la sécurité sociale depuis le 1er janvier 2020.
Renseignez-vous auprès de votre Centre de formation des entreprises (voir également chapitre suivant).
En deçà de ce seuil, vous pouvez rester affilié à votre régime d'origine.

Déclaration de votre table d'hôte et formalités obligatoires

La table d'hôte est un complément d'activité à vos chambres d'hôtes ; vous ne pouvez y accueillir que les personnes résidant dans vos chambres. Soit quinze personnes maximum. À l'exception d'un menu enfant, vous y proposerez un menu unique, composé avec des produits de qualité, idéalement issus du terroir et pris ensemble à votre table.
Cette activité doit faire l'objet d'une déclaration spécifique auprès de la direction départementale de la protection des personnes.
▶ **Renseignements :** Direction départementale de la protection des populations (DDPP) ou Direction départementale de la cohésion sociale et de la protection des populations (DDCSPP), dont vous trouverez la liste auprès de votre préfecture ou sur le site du ministère de l'Économie et des Finances : economie.gouv.fr, puis rubrique Direction générale de la concurrence, de la consommation et de la répression des fraudes.

Par ailleurs, pour pouvoir vendre des boissons alcoolisées, vous devez obtenir une « petite licence restaurant de groupe 2 » qui vous autorise vins, bières, cidres et vins doux. Cette licence s'obtient auprès des services des douanes de votre département (liste sur douanes.gouv.fr).
Enfin, vous devez également suivre une formation à l'issue de laquelle un permis d'exploitation vous sera délivré. Cette formation concerne les professionnels de l'hôtellerie-restauration. Elle est allégée pour les propriétaires de table d'hôte.
Contactez l'Asforest (asforest.com), association de formation continue pour les professionnels de ce secteur.
Voir également sur : permisdexploitation.com ou contactez les services de votre préfecture.

Déclaration de votre meublé de tourisme

Déclaration d'existence simple ou avec numéro d'enregistrement ? En principe, concernant la location de meublé de tourisme pouvant être exercée à titre civil, la déclaration n'est pas obligatoire lorsque le meublé est situé dans votre résidence principale[5] et que vous le louez pour une durée inférieure à 120 jours par an.
Cependant, la législation évoluant rapidement et tendant à davantage encadrer l'activité de location saisonnière, nous vous conseillons vivement de vous adresser à votre mairie pour connaître les dispositions s'appliquant à votre commune. Et ce, quels que soient de location de votre meublé et les revenus que vous estimez pouvoir en retirer.

Suivant la commune où se situe votre meublé, deux types de déclarations sont possibles :
- déclaration simple, ou
- déclaration avec numéro d'enregistrement.

Face à l'expansion des plateformes de réservation en ligne et de locations entre particuliers de type Airbnb, les communes les plus concernées ont demandé à l'État de leur attribuer les moyens de limiter la location saisonnière lorsqu'elle pesait trop fortement sur le parc immobilier. Elle entraîne effectivement une pénurie de logements pour les habitants et une flambée des loyers, les propriétaires trouvant davantage d'intérêts à louer de façon saisonnière qu'en location « classique », pour des locataires souhaitant en faire leur résidence principale.
Les communes (essentiellement les plus touristiques, et Paris en tête) ont donc désormais la possibilité d'instituer un numéro d'enregistrement à toutes les locations touristiques, qu'il s'agisse de la résidence principale ou secondaire du propriétaire[6].
Dans ces communes, outre l'obligation de ce numéro, il n'est plus possible de louer un meublé constitué par la résidence principale du propriétaire plus de 120 jours par année civile. Les communes concernées sont aussi en capacité d'exiger de la part des loueurs un décompte du nombre de jours de location de leur résidence principale.
Si votre meublé est situé dans l'une de ces communes, dès lors qu'un numéro d'enregistrement vous est attribué, vous devez le mentionner dans vos annonces de location. Les plateformes ayant,

5. Est considérée comme votre résidence principale tout logement où vous résidez au moins huit mois par an, sauf obligation de santé, raisons professionnelles ou cas de force majeure.
6. Loi Élan du 23 novembre 2018.

elles, l'obligation de bloquer les réservations des meublés ayant atteint cette limite de 120 jours et de déconnecter toute annonce ne mentionnant pas ce numéro.

C'est donc en vous rapprochant de votre mairie que vous saurez le type de déclaration que vous aurez à souscrire et les conditions dans lesquelles vous pouvez proposer votre meublé à la location.

Par ailleurs, sachez que vous pouvez également être dans l'obligation de demander une autorisation de changement d'usage auprès de votre mairie pour faire de votre lieu d'habitation ou de votre résidence secondaire, un hébergement destiné à une clientèle de passage. Si cette autorisation est essentiellement en vigueur dans les grandes villes, la prudence recommande également de vous renseigner auprès des services de votre commune, quelle que soit sa taille. De plus, cette obligation peut également s'appliquer si vous résidez dans une copropriété, l'assemblée des copropriétaires devant donner son aval pour la location saisonnière de votre bien.

Déclarer votre activité

Êtes-vous ou non loueur professionnel de votre meublé/gîte ?

Votre statut de loueur professionnel ou non dépend du revenu que vous retirez de la location de votre gîte ou meublé.
Est considéré comme professionnel tout loueur qui remplit les trois conditions suivantes :
• les recettes annuelles retirées de l'activité par l'ensemble des membres du foyers dépasse 23 000 euros ;
• au moins l'un des membres du foyer fiscal est inscrit au registre du commerce et des sociétés en tant que loueur professionnel ;
• les recettes excèdent les revenus du foyer fiscal soumis à l'impôt sur le revenu dans les catégories des traitements et salaires, des bénéfices industriels et commerciaux (autres que ceux tirés de l'activité de location meublée), des bénéfices agricoles et des bénéfices non commerciaux.

À défaut de l'une de ces conditions, le loueur reste en statut non professionnel.
Quel que soit votre statut, vous avez l'obligation de déclarer votre activité avant son démarrage pour vous faire connaître de l'administration fiscale et choisir votre mode d'imposition. Un numéro Siret vous sera attribué.

En revanche, votre centre de formalités des entreprises (CFE) n'est pas le même suivant votre statut.

Si vous êtes loueur non professionnel :
Votre centre de formalité des entreprises est le greffe du tribunal de commerce dont dépend votre hébergement (annuaires.justice.gouv.fr).

Si vous êtes loueur professionnel :
Votre centre de formalité des entreprises est celui de la Chambre de commerce (cci.fr).

DES FORMALITÉS À NE PAS PRENDRE À LA LÉGÈRE !

Attention, en cas de non-respect des différentes formalités obligatoires concernant vos hébergements, les sanctions grimpent vite ! L'amende pour défaut de déclaration d'une chambre d'hôte est de 450 euros. Celle applicable en cas de refus de transmettre son décompte de jours de location à une mairie qui en fait la demande peut atteindre 10 000 euros !

D'une à cinq étoiles : le classement de votre meublé, une démarche volontaire

Une fois effectuées les démarches obligatoires de déclaration de votre meublé, vous pouvez également demander son classement auprès des organismes certificateurs spécialisés. Ce classement est valable cinq ans. Il indique aux clients le niveau de confort de votre hébergement et de vos prestations. Outre cet indicateur de qualité, il s'agit aussi d'un outil commercial et de visibilité. Non obligatoire, le classement est donc recommandé, en particulier si vous faites le choix de ne pas rejoindre de label touristique.
En pratique : voir le chapitre 3, p. 128 « Obtenir le classement de ses hébergements ».

2. Créer son entreprise

Ainsi que nous l'avons vu, vous devez déclarer votre activité et choisir le statut juridique sous lequel vous allez à présent l'exercer. Comme tout créateur d'entreprise, vous avez le choix entre deux types de structures : l'entreprise individuelle ou la création d'une société.
Voyons quelles sont les différentes formes pour lesquelles vous pouvez opter.

L'entreprise individuelle

Il s'agit de la structure majoritairement adoptée par les créateurs d'entreprise en France (à plus de 50 %), notamment par les artisans, les commerçants et les professions libérales. L'entrepreneur est seul (sans associé), et possède le statut de travailleur indépendant. De ce fait, le fonctionnement de l'entreprise est simple, sans formalités particulières.

La responsabilité juridique

L'entreprise n'a pas de patrimoine propre : ce dernier est confondu avec celui de l'entrepreneur. De ce fait, l'entrepreneur est personnellement et indéfiniment responsable des dettes de l'entreprise sur ses biens personnels. Pour pallier ce risque, il est vivement conseillé d'adopter le dispositif de protection de la résidence principale, qui permet, par un « acte d'insaisissabilité », de protéger la résidence principale du chef d'entreprise des actions des créanciers. Cet acte est obligatoirement réalisé par un notaire ; il comprend une description détaillée du ou des biens immobiliers et indique le caractère de leur propriété : propre, en commun ou en indivision. Par ailleurs, pour protéger votre conjoint, il est plus sûr d'adopter le régime matrimonial de la séparation de biens.

Le régime fiscal

Les bénéfices réalisés par un loueur en meublé de tourisme ou de chambre d'hôte sont soumis à l'impôt sur le revenu ; ils doivent être déclarés en bénéfices industriels et commerciaux (BIC).
Depuis janvier 2019, la mise en place du prélèvement à la source implique de votre part l'obligation d'estimer les revenus que vous pensez percevoir de la location de votre gîte ou de vos chambres.
Si vous avez créé votre activité avant janvier 2019, cette estimation sera effectuée par les services des impôts à partir de vos revenus des années précédentes.
Si vous créez votre activité après janvier 2019, vous devez estimer vos revenus pour la première année et indiquer cette estimation aux services des impôts à partir de votre espace personnel dans impôts.gouv.fr, rubrique « Gérer mon prélèvement à la source », puis « Gérer vos acomptes ».
Votre acompte sera alors calculé et prélevé chaque mois ou chaque trimestre suivant le rythme de prélèvement que vous avez choisi.
De la même façon que pour vos autres revenus, vous effectuerez ensuite une déclaration chaque année au mois d'avril ou de mai, en indiquant vos revenus réellement perçus, ce qui permettra aux services des impôts de calculer le montant de votre acompte.
Celui-ci sera ensuite appliqué à partir du mois de septembre, après éventuelle régularisation.
Vous ne savez pas comment estimer vos revenus de la première année d'exercice ? Les structures vous ayant accompagné lors de la création de votre activité (Chambres consulaires, comité départemental du tourisme, label...) peuvent vous aider à estimer raisonnablement vos premiers revenus. N'hésitez pas non plus à prendre rendez-vous directement auprès de votre centre des impôts (*via* impots.gouv.fr ou 0810 467 687).

À savoir
Si vous louez un meublé ou une chambre d'hôtes dans votre résidence principale, mais que cela ne vous rapporte pas plus de 760 euros TTC par an, vous êtes exonéré de l'impôt sur le revenu pour le produit de cette location. Une disposition utile à connaître pour l'année de votre démarrage.

MICROENTREPRISE

Sas d'entrée vers l'entreprise individuelle, le régime de la micro-entreprise (ou autoentreprise) est destiné, par sa simplicité, à favoriser la création d'entreprise.
Le régime micro-entrepreneur comprend trois branches : artisans, commerçants ou profession libérale. En tant que loueur, vos prestations relèvent d'une activité commerciale.
Vous pouvez bénéficier de ce régime si vous répondez aux conditions suivantes :
• votre chiffre d'affaires ne dépasse pas le plafond de 176 200 euros annuels HT.
Par ailleurs, en-deçà d'un chiffre d'affaires de 85 800 euros annuels, vous pouvez opter pour la franchise de base TVA, c'est-à-dire que vous ne la facturez pas à vos clients, mais ne la récupérez pas non plus sur vos achats (voir le chapitre sur la TVA, p. 150) ;

Au-delà d'un chiffre d'affaires de 85 800 euros, il est possible de passer en régime réel concernant la TVA, tout en conservant le régime micro concernant les cotisations sociales, à condition de ne pas dépasser le seuil de la micro entreprise. Ces deux seuils étaient auparavant corrélés.
Concernant les cotisations sociales, l'intérêt de ce régime est de vous permettre de les régler sur une assiette constituée de votre chiffre d'affaires et non à partir d'une assiette forfaitaire comme dans le cas de l'entreprise individuelle classique. Dans le cas où vous ne réalisez pas de chiffre d'affaires, vous n'avez pas de cotisation à acquitter. De plus, vous réglez vos cotisations dès le démarrage de votre activité, chaque mois ou trimestre, en temps réel donc par rapport aux revenus que vous percevez. Ces versements sont dits « libératoires », c'est-à-dire définitifs, et vous ne devez pas anticiper une régularisation ultérieure comme cela peut être le cas avec l'entreprise classique. Vous avez donc une visibilité immédiate des cotisations que vous devez verser. Jusqu'à un certain seuil de revenus, vous pouvez aussi opter pour le versement libératoire de votre impôt sur le revenu.

En cas de chiffre d'affaires nul, vous n'avez ni impôt, ni cotisation à acquitter ; mais, dans ce cas, attention, lorsque vous n'acquittez pas de cotisation sociale, vous ne bénéficiez pas non plus de couverture sociale liée à votre statut et vous ne cumulez pas non plus de trimestres pour la retraite. Et, même en cas de chiffre d'affaires nul, vous devez effectuer votre déclaration trimestrielle.

Enfin, autre avantage, le régime de la micro-entreprise vous exonère également du versement de la contribution foncière des entreprises (CFE) pendant l'année de création de votre activité.

Renseignements : les informations sur le statut, les formalités de création puis de gestion, s'effectuent désormais sur le site :
autoentrepreneur.urssaf.fr

Le régime de l'Entrepreneur individuel à responsabilité limitée (EIRL)

Ce régime récent consiste en un aménagement de l'entreprise individuelle afin de permettre à l'entrepreneur de mieux protéger son patrimoine personnel. En effet, s'il est possible de séparer ses patrimoines professionnels et personnels en créant une société (et notamment l'EURL), la majorité des créateurs d'entreprise opte généralement pour l'entreprise individuelle qui, elle, ne permet pas cette séparation. Les créateurs restent ainsi soumis au danger de voir leurs créanciers professionnels saisir les biens privés. La loi permettait déjà, avec la déclaration d'insaisissabilité, de mettre à l'abri le domicile du créateur. Désormais, en cas de difficulté, de dettes, voire de faillites, seul le patrimoine professionnel peut être saisi par vos créanciers. Ainsi, en cas de liquidation judiciaire, votre patrimoine personnel, notamment votre épargne et vos biens mobiliers, est préservé. Attention cependant, cette séparation n'est effective que vis-à-vis des créances établies après la déclaration d'affectation.
Tous les entrepreneurs individuels peuvent opter pour l'EIRL, que l'activité soit commerciale, artisanale, libérale, agricole. L'EIRL est compatible avec le régime d'auto-entrepreneur. Il est aussi possible d'opter pour ce régime dans le cas d'une entreprise déjà existante. En revanche, les sociétés et groupements ne peuvent y souscrire.

La principale formalité consiste à effectuer une déclaration recensant un patrimoine appelé « patrimoine d'affectation », soit votre patrimoine professionnel.
Il est constitué de tous les éléments nécessaires à l'exercice de votre activité : locaux, équipements, outillages, installations, véhicules, droits (au bail...), fonds de commerce, clientèle, etc. Par ailleurs, vous devez également ouvrir un compte bancaire professionnel qui sera aussi intégré à ce patrimoine d'affectation.
L'évaluation doit être effectuée par vous-même, sur simple déclaration ; un formulaire vous sera remis à votre CFE.
Cette déclaration mentionne votre activité et détaille votre patrimoine d'affectation en indiquant, pour chaque élément, sa nature, sa qualité, sa quantité et sa valeur.
Vous devez également mentionner quels sont les biens mixtes que vous utilisez dans le cadre de votre activité : par exemple, votre logement dans le cas des chambres d'hôte ; votre véhicule personnel lorsque celui-ci vous sert également professionnellement.
Cependant, pour tout bien dont la valeur dépasse 30 000 euros, vous devez faire appel à l'un des professionnels suivants : expert-comptable, commissaire aux comptes, association de gestion ou, dans le cas d'un bien immobilier, un notaire.

Enfin, dans le cas où vous souhaiteriez intégrer à votre patrimoine d'affectation un bien acquis en indivision, votre conjoint doit impérativement faire état de son accord après avoir été informé des conséquences possibles (la saisie), en cas de faillite de votre entreprise. Votre déclaration doit être déposée auprès de votre CFE.

Le régime social

Vous relevez du régime social des travailleurs indépendants ; vous pouvez (cela est même vivement conseillé), cotiser à un régime complémentaire d'assurance vieillesse, d'invalidité-décès et de retraite complémentaire.

Les formalités et les démarches

Les démarches sont à effectuer auprès du centre de formation des entreprises (CFE) de votre chambre de commerce et d'industrie (ou votre chambre d'agriculture si vous êtes exploitant agricole). Le CFE se charge ensuite de votre immatriculation au Registre du commerce et des sociétés (RCS), à l'Insee (qui vous attribue vos code Naf, numéros Siret et Siren), à l'administration fiscale, à l'Inspection du travail et aux caisses sociales.

La société à responsabilité limitée (SARL)

Créer une société signifie créer une nouvelle entité juridique, distincte de son ou de ses dirigeants, dotée d'un patrimoine et d'un capital propre.
La SARL réunit au moins deux associés (au maximum 100), qui désignent un ou des dirigeants, appelés gérants, à la majorité. Si le gérant possède (seul ou avec son conjoint et ses enfants) la majorité du capital, il est appelé gérant majoritaire, gérant minoritaire dans le cas inverse.
Le capital de l'entreprise est fixé librement par les apports des différents associés, en espèces ou en nature. La constitution de ce capital représente le principal avantage de la SARL : le patrimoine des associés est protégé et il est possible d'augmenter le capital en fonction de l'évolution de l'entreprise et de ses nouveaux besoins. C'est donc l'option à suivre si vous escomptez un développement important de votre activité. Par ailleurs, un gérant majoritaire conserve une large indépendance. En revanche, la forme de société exige au quotidien un certain formalisme, plus lourd que dans le cas de l'entreprise individuelle.

La responsabilité juridique

La responsabilité des associés à l'égard des dettes de l'entreprise est limitée à l'apport de chacun au capital. Au quotidien, le gérant prend seul les décisions de gestion courante. Dans le cas où les décisions à prendre dépassent ses attributions, elles sont votées en assemblée générale. Les décisions qui modifient les statuts doivent être prises en assemblée générale extraordinaire.

Le régime fiscal

La SARL est soumise à l'impôt sur les sociétés (IS) ; la rémunération versée aux dirigeants est déductible du résultat.
Si la SARL est constituée de membres d'une même famille (conjoints, enfants…), il est possible d'opter pour la « SARL de famille », qui permet de choisir le régime d'impôt sur le revenu ; chaque associé déclare alors la part qui lui revient (en fonction de ses apports), dans la case BIC de sa déclaration de revenus.

Le régime social

Le gérant majoritaire est affilié au régime des travailleurs non-salariés (TNS).
Le gérant minoritaire relève du régime social des « assimilés salariés ». Il bénéficie donc du régime de sécurité sociale et de retraite des salariés, à l'exception de l'assurance chômage (possibilité de souscrire des assurances chômage).
En tant que gérant, minoritaire ou majoritaire, vous relevez du même régime fiscal que les salariés et déclarez vos rémunérations dans la catégorie des traitements et salaires. Vous pouvez déduire vos frais professionnels réels et justifiés, ou appliquer une déduction forfaitaire de 10 %.

Les formalités et les démarches

Comme pour l'entreprise individuelle, les formalités de création s'effectuent auprès du CFE de votre chambre de commerce et d'industrie, ou de votre chambre d'agriculture si vous êtes exploitant agricole. Si vous êtes également artisan, adressez-vous à votre chambre de métiers.
Une formalité préalable : la rédaction des statuts de l'entreprise, qui indiquent le but dans lequel la société est créée.

L'EURL et la Scop

L'entreprise unipersonnelle à responsabilité limitée (EURL)

Il s'agit en fait d'une SARL ne comptant qu'un seul associé, dit « associé unique ». Les mêmes règles que la SARL s'appliquent à l'exception des dispositions suivantes :

- les bénéfices sont soumis à l'impôt sur le revenu : vous devez les déclarer dans la catégorie des bénéfices commerciaux et industriels (BIC). Vous pouvez opter pour l'impôt sur les sociétés, mais attention : cette décision est irrévocable ;
- si l'associé unique se désigne gérant, il relève du statut des travailleurs non salariés. Si le gérant est un tiers (le conjoint ou un enfant de l'associé unique par exemple), il relève du régime social des salariés à l'exception de l'assurance chômage.

La société coopérative de production (Scop)

Il s'agit là aussi d'une société de type SARL, à laquelle tous les associés participent à parts financières égales ; en assemblée générale, ils partagent donc tous le même pouvoir de décision. On y distingue simplement les associés, qui sont également salariés de l'entreprise, des « investisseurs », qui n'y travaillent pas mais y ont apporté leur contribution financière.

Les bénéfices réalisés par la Scop sont soumis à l'impôt sur les sociétés.

Les associés salariés et les salariés de la Scop bénéficient tous du même statut de salarié, même au regard de l'assurance chômage.

Se protéger, protéger ses proches et ses locataires

Protéger son conjoint : une précaution essentielle

En cas de création d'entreprise, il est primordial de prévoir le statut de son conjoint dès lors que celui-ci participe, de près ou de loin, à l'activité :

- que les deux conjoints soient associés, car ils ont conçu ensemble le projet ;
- qu'une seule personne soit identifiée comme porteuse du projet d'entreprise. Dans ce cas, le conjoint devra, selon son implication, être déclaré « conjoint salarié » ou « conjoint collaborateur ».

Si le conjoint est associé dans l'entreprise et y travaille, il possède un statut social de salarié ou d'indépendant selon la structure juridique de l'entreprise. Chacun détient un nombre de parts lui ouvrant droit à une partie des bénéfices. Cependant, tous deux doivent être conscients des risques qu'entraînerait un divorce au niveau de la société.

Si le conjoint est salarié dans l'entreprise (il possède un contrat de travail, touche une rémunération proportionnelle à sa qualification et n'intervient pas dans la gestion de l'entreprise), il bénéficie de la protection sociale des salariés et de l'assurance chômage, et se constitue des droits personnels pour la retraite, quelle que soit la forme juridique de l'entreprise. Si l'entreprise dégage suffisamment de bénéfices pour se le permettre, cette solution est particulièrement intéressante car elle assure au conjoint une autonomie appréciable et une bonne couverture sociale. Par ailleurs, le salaire de ce conjoint est déductible dans les conditions suivantes :

• intégralement (si le salaire est raisonnable) pour les entreprises soumises à l'impôt sur les sociétés ;
• intégralement pour les entreprises individuelles, ou sociétés soumises à l'impôt sur le revenu adhérant à un centre de gestion agréé, ou lorsque les époux sont mariés sous le régime de séparation de biens ;
• dans la limite du montant annuel du SMIC lorsque le mariage relève d'un autre régime matrimonial et que l'entreprise n'est pas adhérente d'un centre de gestion agréé.

Si le conjoint travaille bénévolement dans le cadre d'une entreprise individuelle ou d'une entreprise unipersonnelle, il peut bénéficier du statut de conjoint collaborateur (les deux conjoints doivent néanmoins être mariés, à ce jour, les titulaires de pacs sont encore exclus de cette disposition). Il bénéficie alors de l'assurance maladie de l'entrepreneur en qualité d'ayant droit (allocations et indemnités maternité comprises) et d'assurance retraite (retraite de base et complémentaire pour les artisans et les commerçants, retraite de base uniquement pour les professions libérales). Le conjoint collaborateur peut en même temps exercer une activité salariée à mi-temps en dehors de l'entreprise.
Si vous ne pouvez rémunérer votre conjoint sur le produit de vos locations, ce statut de conjoint collaborateur vous permet néanmoins de faire reconnaître son existence juridique, économique et sociale.

À titre accessoire, les fonctionnaires sont autorisés à exercer une activité de conjoint collaborateur au sein d'une entreprise artisanale ou commerciale.

Si le conjoint n'a aucun des trois statuts précédents, il bénéficie des prestations d'assurance maladie et d'allocations familiales en qualité d'ayant droit, mais ne peut bénéficier de l'allocation maternité. Pour l'assurance retraite-invalidité-décès, il peut cotiser pour se constituer une retraite personnelle auprès de la caisse du chef d'entreprise ; s'il ne cotise pas, il n'aura pas de retraite personnelle mais peut recevoir une pension de réversion en cas de décès de son conjoint. Ce régime de conjoint sans statut est celui qui offre le moins de garanties sur le plan social ; en cas de décès de l'entrepreneur ou de divorce, le conjoint se retrouve démuni de tout. Quelle que soit la forme de votre entreprise, votre conjoint(e) doit absolument adopter un statut officiel dès lors qu'il/elle participe.

Quelle protection sociale en cas de double activité ?

Attention, en cas d'activités multiples (salariée et commerciale, agricole et artisanale…), vous pouvez être contraint de cotiser deux fois pour la même assurance mais à des caisses différentes.
S'il s'agit de deux activités non salariées, vous serez immatriculé auprès des caisses de l'activité principale (c'est-à-dire celle qui vous procure le plus de revenus). Les cotisations seront calculées sur la base des revenus des deux activités.

S'il s'agit d'une activité salariée et d'une activité non salariée, vous serez affilié au régime de l'activité principale, mais vous devrez cotiser aux deux régimes de Sécurité sociale. Pour bénéficier du régime général, votre activité salariée doit représenter plus de 1 200 heures par an et vos revenus salariés doivent être supérieurs ou égaux à vos revenus non salariés. Les prestations maladie-maternité ne sont pas cumulables, mais les prestations retraite sont cumulables (pour le calcul de la retraite, on fera la somme des trimestres pour lesquels vous avez cotisé dans chaque régime).

Afin d'inciter les professionnels indépendants à mieux assurer leur protection sociale, la loi Madelin prévoit que les cotisations de mutuelle santé et de complémentaire retraite sont déductibles du revenu imposable au titre des BNC ou des BIC. Cette déductibilité est plafonnée en fonction du revenu.

Les assurances

Dès lors que vous accueillez du public de façon régulière, informez votre assureur de cette nouvelle activité.
Votre habitation est normalement couverte de façon habituelle par les assurances relatives à tout logement : une multirisque habitation couvrant les dommages aux biens, votre responsabilité civile et les sinistres.
Concernant les dommages occasionnés par vos locataires, plusieurs options sont possibles :

• si vous vous chargez de l'assurance :
- vous souscrivez une clause d'abandon de recours ou de renonciation à recours. Cette clause figure à la fois dans l'engagement de location et dans votre contrat d'assurance. Mais la responsabilité du locataire demeure entière à l'égard des voisins et des tiers,
- vous souscrivez une assurance « pour le compte de qui il appartiendra » avec abandon de recours : votre locataire est couvert pour l'incendie et les dégâts des eaux, par la garantie du propriétaire, même à l'égard des voisins et des tiers.
Mais, dans ces deux cas, les autres dégradations commises par le locataire restent à sa charge ;

• si le locataire se charge de l'assurance :
- il est assuré par son contrat multirisque s'il a souscrit une garantie « villégiature »,
- il souscrit une assurance incendie ou multirisque pour la durée de ses vacances dans votre location.

3. Obtenir le classement de ses hébergements

Indication du niveau de confort et, désormais, du niveau de prestations de service, le classement est un repère précieux pour le touriste. Il devient ainsi de plus en plus incontournable. Si les chambres d'hôte ne font pas l'objet d'un classement de la part des mairies (auprès desquelles les propriétaires doivent les déclarer), elles le sont généralement par les labels. Quant aux gîtes, à l'instar des hôtels, ils bénéficient d'un classement « étoilé » instauré au niveau national.

Le classement des meublés de tourisme

Obtenir le classement de son meublé

Les critères de classement des meublés de tourisme font partie des différents classements établis et diffusés par Atout France, l'Agence de développement touristique de la France, unique opérateur de l'État dans ce secteur. Si le classement en étoiles reste une démarche volontaire et facultative, elle est néanmoins obligatoire pour être répertorié par les offices de tourisme de votre département et région, et pour solliciter ensuite votre inscription dans un label.

Comment procéder ?

Différents organismes ont été agréés et accrédités par l'État pour effectuer une visite des meublés souhaitant obtenir un classement. C'est donc à ces organismes que vous devez vous adresser en premier lieu ; vous en trouverez la liste sur le site d'Atout France (rubrique « Organismes de contrôle »). Les organismes « accrédités » sont des cabinets privés, les organismes « agréés » sont des agences de développement touristiques et offices de tourisme qui étaient déjà agréés avant la réforme de 2009.
De façon générale, contactez votre office de tourisme qui vous orientera vers l'organisme certificateur.

Dans un premier temps, une visite de votre meublé est organisée sur rendez-vous par le représentant de l'organisme (suivant l'organisme, le tarif de la visite varie de 180 à 250 euros, des frais supplémentaires peuvent être prévus pour le déplacement).

Le référentiel de classement fonctionne suivant un système de points attribués sur critères obligatoires ou optionnels. À l'issue de cette visite, le représentant vous délivre, dans les quinze jours, un rapport de contrôle.
Vous adressez ensuite votre demande de classement et votre rapport de contrôle à votre préfecture. Votre préfecture dispose d'un délai d'un mois pour vous répondre, sous forme d'un arrêté de classement qu'elle transmet également à Atout France. Les meublés bénéficiant de ce classement sont répertoriés sur son site.
Votre arrêté de classement et votre certificat de visite en cours de validité doivent être affichés de manière visible à l'intérieur et à l'extérieur du meublé, par le biais de panneaux homologués.
Par la suite, vous devez faire effectuer une nouvelle visite par un organisme agréé tous les cinq ans et adresser le nouveau certificat de visite à la préfecture.

L'identification et le classement de votre gîte par la préfecture présentent plusieurs avantages :
• vous bénéficiez de la dénomination « meublés de tourisme », gage de qualité et de certification auprès des clients ;
• vous êtes répertorié par votre office de tourisme, et bénéficiez de ses outils de promotion (catalogue, site Internet, affichage…) ;
• le classement en étoiles est clairement identifié par le client.

Par ailleurs, le classement préfectoral est une formalité obligatoire pour :
• obtenir l'agrément « chèques-vacances » ANCV (voir chapitre 5, Tenir sa comptabilité, p. 149) ;
• obtenir un label de gîte rural : Gîtes de France, Clévacances, Bienvenue à la Ferme, Fleurs de soleil, etc. (voir ci-dessous, « Obtenir un label »).
▶ **En pratique :** imprimé Cerfa n° 11819*03 « Demande de classement d'un meublé de tourisme » à retirer en mairie ou télécharger sur www.service-public.fr, rubrique « Services en ligne et formulaires ».

Choisir et obtenir un label

Si le propriétaire de chambres ou d'un gîte reste totalement libre d'adhérer ou non à un label, ces derniers sont tout de même appelés à prendre une place prépondérante dans la mesure où l'attribution d'une subvention est de plus en plus conditionnée à l'obtention d'un label. Il s'agit d'une disposition visant à élever la qualité générale des prestations d'hébergement touristique, mais également d'un moyen d'assurer un meilleur suivi des propriétaires ; suivi dans le montage du projet, et, par la suite, avec des dispositifs pour la réservation des hébergements, la promotion *via* un site Internet ou par le biais de l'édition de catalogues, des regroupements et mises en relation entre propriétaires, dans certains cas, des offres de formations.

L'appartenance à un label suppose un droit de regard sur votre aménagement, voire sur les plans d'architecture. Les cahiers des charges des différents labels sont définis en conformité avec les décrets réglementaires nationaux portant sur les hébergements.

Les critères établis par les labels sont fondés sur ceux du classement préfectoral, qui détermine les obligations auxquelles chaque meublé doit répondre. Les critères pris en compte dans leur attribution portent sur :

- l'environnement : mise en valeur du bâti, des abords et espaces verts, du site général, absence de nuisances visuelles, olfactives ou sonores ;
- l'aménagement intérieur : surface et capacité d'accueil, confort général, mobilier, décoration, équipements ;
- la qualité de l'accueil et du service rendu par le propriétaire ou une personne mandatée (pour les gîtes).

À vous de voir si les critères de la labellisation vous conviennent ou vous empêchent de développer votre hébergement à votre guise : vous pouvez tout à fait vous contenter du classement préfectoral, trouver d'autres sources de financement que les subventions publiques et confier la mise en location à une agence immobilière. Néanmoins, rejoindre un label apporte d'indéniables avantages :

- un accompagnement pour le montage du projet ;
- une meilleure reconnaissance auprès des institutions du tourisme ;
- une visibilité à travers les outils de promotion mis en place ;
- une information régulière sur la législation (par exemple sanitaire, concernant les normes de sécurité, etc.) ;
- éventuellement, des sessions de formation ;
- une facilité pour rencontrer des personnes qui se trouvent confrontées aux mêmes questions que vous, pour partager des expériences, etc.

Comment choisir son label ?

Dans un premier temps, consultez les sites des différents labels que nous vous présentons ; il est important que vous vous sentiez en accord avec leur conception de l'hébergement. Par la suite, n'hésitez pas à faire jouer la concurrence : interrogez-les sur le profil de leurs adhérents, sur les accompagnements qu'ils proposent avant et après l'ouverture des hébergements (montage du dossier, formations, lettre d'information, etc.), sur les cotisations qu'ils demandent, etc.

Voici quels sont les principaux labels en France :

Gîtes de France

Avec 47 000 propriétaires offrant 70 000 hébergements, dont 47 700 gîtes ruraux et près de 30 000 maisons d'hôte, la Fédération nationale des gîtes de France constitue le premier label et réseau d'hébergement chez l'habitant, en France mais aussi au niveau européen.
L'association est née en 1955 avec le regroupement de 146 premiers gîtes ruraux en France ; cette même année, elle rédige la charte des gîtes ruraux. Par la suite, elle innove régulièrement en matière d'« ingénierie » du tourisme rural, jusqu'à obtenir l'agrément d'organisme national pour la promotion et le contrôle des meublés de tourisme par le ministère du Tourisme en 1997. Régulièrement, de nouvelles thématiques sont créées afin d'opérer un ciblage de plus en plus précis de la clientèle : charme et châteaux, œnologie, tropique, bien-être ou sports sensation par exemple.
L'adhésion, le dépôt des demandes de subvention s'effectuent sur dossier auprès des relais départementaux de la Fédération. La Fédération dispose d'une charte de qualité commune à tous les hébergements, mais les modalités d'agrément (notamment le type d'habitat requis) diffèrent d'un département à l'autre. Le relais départemental est donc le premier interlocuteur à contacter si vous souhaitez adhérer au réseau.

Source : www.gites-de-france.com

Les relais départementaux sont composés d'une structure associative (regroupant les propriétaires adhérents) et d'une structure commerciale (la centrale de réservation). Chaque relais est libre de fixer le montant annuel de l'adhésion (autour de 130 euros) et les commissions prélevées sur chaque réservation effectuée par la centrale (entre 14 et 16 %). Le passage par la centrale de réservation n'est pas obligatoire. Les Gîtes peuvent également éditer des contrats de location, au prix de 9 euros pour les courts séjours, de 13 euros pour les séjours de plus de trois jours.

Clévacances

Avec 20 000 gîtes et 5 000 chambres d'hôte, Clévacances est le second grand label d'hébergement chez l'habitant.
L'adhésion se fait sur dépôt de dossier et visite des techniciens du label. Le tarif comprend une adhésion annuelle de 160 euros, puis une cotistion annuelle dégressive en fonction du nombre d'hébergements.
Le classement des hébergements se fait par nombre de clés. Les critères d'obtention des clés sont très précis, et portent davantage sur la disposition des pièces, le confort (notamment chauffage et eau sanitaire, la literie), la superficie des espaces verts que sur les équipements disponibles.

Source : www.clevacances.com

Clévacances ne propose pas de centrale de réservation mais une plateforme de mise en relation entre clients et propriétaires sur Internet et des catalogues par département et thématiques. À noter : Gîtes de France et Clévacances ont entamé, en 2018, des discussions en vue d'un rapprochement. L'objectif de ces deux labels étant de renforcer ainsi leur visibilité en ligne, notamment face aux plateformes type Airbnb. Un rapprochement (et non une fusion), qui devrait être effectif fin 2019. À suivre donc…

Accueil paysan

Ce réseau compte un millier d'adhérents en France, une soixantaine à l'étranger. Accueil paysan est un groupement de paysans qui souhaitent faire découvrir leur métier, leur mode de vie et leur environnement aux personnes qu'ils hébergent. L'association se définit comme une solution de remplacement au modèle de développement intensif de l'agriculture et valorise le choix de ses adhérents pour une agriculture « à taille humaine » ; plus largement que les seuls paysans, elle accepte aussi toute personne possédant un « lien à la terre », même non dotée d'un statut agricole. Ainsi un jardinier amateur cultivant un grand jardin potager, une famille possédant quelques animaux et se reconnaissant dans la démarche de l'association peuvent aussi devenir accueillants et partager leur quotidien avec leurs visiteurs. L'aspect pédagogique et la notion d'échanges sont au cœur de la démarche ; l'espace rural n'est pas simplement un environnement, un cadre où passer ses vacances. Les accueillis viennent y trouver repos, calme et bien-être, mais aussi partager et découvrir concrètement la réalité du monde rural. De leur côté, les accueillants qui rejoignent l'association partagent tous cette vision d'un tourisme différent, « participatif ».

Pour rejoindre Accueil paysan, contactez dans un premier temps le siège de l'association, qui vous fera parvenir la charte et les cahiers des charges. Contactez ensuite votre relais local, qui organisera la visite d'agrément. Cette première visite est effectuée par un autre paysan adhérent, bénévole du relais, pour valider le démarrage. Dans un premier temps, l'accueillant effectue une année d'essai : cette période probatoire lui permet, ainsi qu'à l'association, de vérifier que l'activité d'accueil lui convient. Durant cette première année, sa ferme peut figurer sur le site Internet de l'association et dans le guide de sa région ou département.
À l'issue de cette année, une deuxième visite a lieu pour confirmer l'inscription définitive. L'adhérent figure alors dans le guide national (tiré à 10 000 exemplaires) en plus du site Internet. Par la suite, une visite de validation a lieu tous les trois ans.

Accueil paysan ne délivre pas d'étoiles à ses adhérents, car l'accent est mis sur l'échange davantage que sur l'aspect matériel, ce qui n'empêche pas que les adhérents soient par ailleurs classés au niveau préfectoral. Les seules distinctions sont fondées sur différents cahiers des charges : chambre, accueil familial en gîte, relais (trois jours maximum), camping, accueil d'enfants pour les groupes ou classes. Dans le même état d'esprit, il n'existe pas de centrale de réservation : les personnes en recherche d'un hébergement contactent directement les accueillants, et cette prise de contact leur permet de déterminer si le lieu leur correspond. Cette démarche correspond à la volonté de l'association de promouvoir l'échange le plus direct entre les deux parties.
Enfin, Accueil paysan bénéficie d'une reconnaissance croissante de la part des institutions du tourisme ; ses bénévoles sont maintenant accrédités pour effectuer les visites d'agrément des meublés de tourisme. De ce fait, il est désormais plus facile d'obtenir des subventions en y étant affilié.

▶ **Contact :** Fédération nationale Accueil paysan, 9, avenue Paul Verlaine, 38100 Grenoble. Tél. : 04 76 43 44 83.
Internet : www.accueil-paysan.com

Bienvenue à la ferme

Bienvenue à la ferme est un réseau créé par les chambres d'agriculture pour regrouper et offrir une visibilité aux exploitants agricoles ayant diversifié leur activité vers l'hébergement, la vente directe de produits et la restauration.
Il ne s'agit pas d'un label de même nature que les précédents car il ne porte pas sur l'hébergement proposé. Les membres du réseau qui proposent des hébergements sont invités dans le même temps à s'engager dans une démarche de labellisation auprès de Clévacances ou des Gîtes de France. Actuellement, le réseau compte 6 500 adhérents ; environ 2 000 fermes proposent des hébergements, dont 727 gîtes, 553 chambres et 344 campings. Les autres exploitations peuvent être des fermes découverte, pédagogiques ou équestres sans hébergement, des fermes-auberges, des fermes ayant ouvert un lieu de vente de leurs produits.
L'appartenance au réseau garantit que l'agriculteur est bien en activité (condition impérative), et qu'il s'engage dans une démarche pédagogique vis-à-vis des visiteurs qu'il reçoit. Découverte de l'environnement, soins aux animaux, explications sur les cultures, etc., l'exploitant doit pouvoir répondre à toute question portant sur son activité, l'objectif étant de faire connaître et découvrir l'environnement agricole, de valoriser leurs produits. De même, lorsque ces exploitants proposent des hébergements, les produits de la ferme sont utilisés au cours des petits-déjeuners et repas.
Pour adhérer au réseau, contactez votre chambre d'agriculture. Après la visite d'agrément, si vous êtes agréé, une cotisation nationale et une cotisation variable selon votre chambre seront à acquitter chaque année. Des visites ont lieu par la suite tous les deux à trois ans. Chaque adhérent est présenté sur le site Internet du réseau ; il n'existe pas de centrale de réservation, les visiteurs contactent directement les fermes de leur choix.

▶ **Renseignements :** auprès de votre chambre d'agriculture ou de l'Assemblée permanente des chambres d'agriculture (Apca), 9, avenue George-V, 75008 Paris. Tél. : 01 53 57 11 50.
Internet : www.bienvenue-a-la-ferme.com

Fleurs de soleil

Cette association a été créée en 1997 par des propriétaires de chambres d'hôte et compte 580 adhérents. Fleurs de soleil est représentée dans chaque département, ce qui lui permet d'être reconnue des organismes tels que CDT et offices de tourisme, pays d'accueil ou pays touristiques. Elle participe au montage des dossiers de subvention et appuie les demandes auprès des institutions concernées.
L'adhésion annuelle est de 250 euros, plus une participation pour figurer sur le site.
Fleurs de soleil ne propose pas de centrale de réservation, mais une plateforme de mise en relation entre clients et propriétaires.

▶ **Contact :** Fleurs de soleil. Tél. : 09 51 67 79 80.
info@fleursdesoleil.fr
Internet : www.fleursdesoleil.fr

Bed & Breakfast

« *Vous arrivez en client, vous repartez en ami* », selon le slogan. Créé voici une trentaine d'années en Grande-Bretagne, le label Bed & Breakfast a ouvert un bureau en France en 1994 et regroupe 2 000 propriétaires proposant quelque 7 000 chambres d'hôte. Du fait de son origine britannique, l'appartenance à B & B offre une visibilité au niveau européen et international, l'essentiel des clients provenant d'Angleterre.
Pour rejoindre ce réseau, une visite d'agrément est nécessaire : cependant, du fait qu'il n'existe qu'un bureau en France, il peut s'écouler deux à trois mois entre votre dépôt de dossier (documents à demander *via* le site Internet) et la visite d'agrément. Les chambres sont notées sur une échelle d'un à quatre soleils. L'adhésion annuelle est de 120 euros, avec une participation supplémentaire de 100 euros la première année pour les frais de dossier. Les adhérents sont présents dans un catalogue édité par le voyagiste Thomas Cook et diffusé en Angleterre, ainsi que sur le site Internet de Bed & Breakfast. Ils peuvent, au choix, bénéficier du service de centrale de réservation (commission prélevée : 10 %).

▶ **Contact :** Bedbreak France, 12, rue des Tulipes, 85100 Les Sables d'Olonne. bab@bedbreak.com, www.bedbreak.com

Nous ne citons ici que les labels les plus connus. N'hésitez pas à vous rapprocher des offices de tourisme pour connaître certains autres labels qui pourraient vous correspondre. À titre d'exemple, Bienvenue au château, qui, comme son nom l'indique, regroupe des propriétaires de château ouvrant leur demeure à une clientèle recherchant des hébergements de prestige (www.bienvenueauchateau.com). Ou encore, La clef verte, écolabel pour l'hébergement touristique (laclefverte.org), Rando accueil, qui rassemble des hébergeurs s'adressant aux randonneurs (www.rando-accueil.com), quel que soit le moyen de déplacement (parfois même en compagnie d'animaux) et leur offrant un accueil adapté à leur découverte de la nature.

4. Les aides, les subventions et les sources de financement

Nous l'avons vu, l'ouverture d'un gîte ou d'une maison d'hôte exige un investissement financier important ; de plus, dans de nombreux cas, le budget prévu au départ se trouve souvent dépassé. Dans la préparation de votre projet, répertoriez donc très soigneusement toutes les différentes sources de financement auxquelles vous pouvez avoir droit.

Les aides spécifiques au tourisme

Il existe différentes façons de bénéficier d'aides pour la création ou la rénovation de vos hébergements touristiques. Votre premier réflexe doit être de constituer un dossier de demandes que vous déposerez auprès de l'organisme chargé de votre inscription.

Qui les attribue ?

Les aides pour la création de gîtes ruraux ou de chambres d'hôte proviennent des conseils départementaux. Les projets les plus ambitieux ou s'inscrivant dans un programme de développement spécifique, portant notamment sur la revitalisation de zones rurales, la rénovation d'éléments du patrimoine (par exemple, vous rénovez et sauvegardez un vieux four à pain, un ancien lavoir, une fontaine, etc.) peuvent bénéficier de financements supplémentaires en provenance de l'Union européenne.

Ces aides sont généralement regroupées par un seul interlocuteur qui se charge de constituer votre dossier de demande de subventions et de le transmettre aux différentes administrations ; il n'est donc pas nécessaire de contacter successivement toutes ces structures. Les procédures diffèrent d'un département à l'autre : suivant les cas, votre dossier sera constitué et suivi par le comité départemental de tourisme ou par les organismes de labellisation. Si vous souhaitez louer par l'intermédiaire d'une agence, celle-ci peut également se charger de votre dossier de demande de subventions. De façon générale, c'est l'organisme qui gère votre homologation qui assure aussi votre demande de financement.

Des subventions supplémentaires peuvent également être obtenues par les propriétaires qui font effectuer des travaux nécessaires à l'obtention du label « Tourisme et handicap », démarche qui permet de rendre le logement accessible aux personnes handicapées.

Quel montant ces aides représentent-elles ?

Attention, le montant des aides est variable d'un département à l'autre. Dans des départements où les offres d'hébergement sont déjà très nombreuses, il est possible que les aides soient par exemple réservées aux seuls gîtes ruraux ou aux locations de niveau trois (épis ou clés).
Généralement, le montant attribué représente entre 20 et 30 % (voire 40 % dans certains cas) du total HT des travaux effectués, avec un plafonnement compris entre 20 000 et 30 000 euros. Les subventions ne sont attribuées qu'une fois l'ensemble des travaux réalisés et sur présentation de facture uniquement.

Les critères d'attribution et les dépenses prises en compte

Les critères d'attribution varient également d'un département à l'autre. Néanmoins, on retrouve fréquemment certaines dispositions communes telles que :
• obligation d'avoir sa résidence principale dans le département ;
• faire effectuer les travaux par des entreprises professionnelles du bâtiment ou des artisans régulièrement inscrits au Registre du commerce ou au Répertoire des métiers. Si vous effectuez les travaux vous-même ou les faites effectuer par une personne que vous rémunérez en chèques emploi-service, aucune subvention ne vous sera attribuée ;
• les travaux ne doivent pas avoir débuté au moment du dépôt de la demande, il est impératif d'attendre la notification d'attribution ;
• ouverture de la location aux touristes de la maison d'hôte ou du gîte pour une période minimale dans l'année (le plus souvent d'avril à septembre) ; le propriétaire s'engage à poursuivre son activité de location pendant une période de cinq à dix ans. En cas d'arrêt de l'activité, la subvention devra être remboursée au prorata du temps restant jusqu'à expiration du délai prévu.

Le fait d'engager des démarches pour rejoindre un label est un véritable atout pour obtenir des subventions, voire une condition *sine qua non*. Si les labels Clévacances et Gîtes de France sont souvent explicitement désignés par les comités départementaux de tourisme, les labels plus récents, tels qu'Accueil paysan ou Fleurs de soleil, se mobilisent pour bénéficier de la même reconnaissance institutionnelle et pour que leurs adhérents bénéficient eux aussi de subventions au même titre que les ressortissants de labels plus installés.

Les dispositions récentes tendent également à favoriser les hébergements misant sur la qualité : exigence de classement en hébergement de niveau trois ; obtention d'un label ; soin apporté à la décoration. Surface minimale de la chambre (12 mètres carrés) ; pour les sanitaires, la préférence va aux salles de bains avec WC donnant directement dans les chambres. Dans le cas où cet accès direct n'est pas possible, une salle de bain et des WC à l'usage exclusif des locataires doivent se trouver au même étage.

Les dépenses prises en charge dans le calcul de la subvention comprennent généralement les travaux d'aménagement des parties communes et des équipements d'accueil : gros œuvre ; toiture ; isolation thermique et phonique ; chauffage ; climatisation ; installations sanitaires ; revêtement des sols et des murs ; façades ; aménagement des espaces verts et des voies d'accès ; sécurisation des plans d'eau et piscine, de même que les honoraires de maîtrise d'œuvre si vous faites appel à un architecte.
En revanche, les éléments de décoration, le linge de lit ou de maison, les meubles, le matériel, la vaisselle, les éclairages, etc., ne sont pas pris en compte.

Voici les principaux éléments susceptibles de vous être demandés pour la constitution du dossier :
• devis descriptifs des travaux prévus ;
• attestation du maître d'ouvrage certifiant que les travaux n'ont pas commencé ;
• titre de propriété ;
• permis de construire ou autorisation de travaux, le cas échéant ;
• plan de localisation, de masse ;
• plans aspect extérieur et plan de l'intérieur, avant et après travaux ;
• photographies de la propriété ;
• plan de financement ;
• nom de l'organisme certificateur d'une visite préalable au classement ;
• accord de financement bancaire, si vous souscrivez des emprunts.

Les aides et subventions sont versées à l'issue des travaux :
• sur présentation des factures acquittées ;
• une fois le classement préfectoral obtenu ;
• sous réserve de conformité au projet initialement présenté.

Les autres aides possibles

Si vous optez pour la création d'une entreprise afin d'exercer votre activité d'accueil, vous pouvez également bénéficier d'aides financières se traduisant par des exonérations ou des apports financiers. Dans certains cas, les non-professionnels peuvent aussi accéder à ces dispositifs ; renseignez-vous auprès des organismes indiqués.

Les aides pour l'installation en territoire rural

Favoriser la venue de visiteurs sur un territoire, c'est contribuer à son développement. De ce fait, certaines dispositions s'adressent directement aux créateurs d'hébergements touristiques situés dans des zones identifiées comme prioritaires en matière d'aménagement.

▶ **Renseignements :** pour vérifier si votre commune est située dans l'une de ces zones, et si vous pouvez bénéficier d'une aide ou d'une exonération, contactez :
• votre mairie ;
• votre centre des impôts ;
• le site du Commissariat général à l'égalité des territoires :
cget.gouv.fr

Jeunes agriculteurs

Vous vous installez en tant que jeune agriculteur ou bien vous allez exercer cette activité à titre secondaire ? De 18 à 40 ans, vous pouvez bénéficier d'un dispositif d'aide à l'installation qui comprend :
• la dotation jeune agriculteur (DJA) est une aide à la trésorerie destinée à financer la reprise ou la création d'une exploitation. Son montant est de 20 000 euros en moyenne, mais il peut être plus élevé dans les zones rurales défavorisées ou en montagne ;
• des prêts à taux réduits ;
• une exonération partielle de cotisations sociales ;
• un accès prioritaire au foncier.
Sachez également que le dispositif d'installation progressive vous permet de percevoir des aides réservées à la création d'entreprise agricole tout en étant déjà installé et reprenant progressivement l'exploitation d'un autre agriculteur. Pour le cédant et pour le repreneur, ce dispositif permet une transition et une transmission « en douceur ».

▶ **Renseignements :** contactez votre chambre d'agriculture ou consultez le site http://agriculture.gouv.fr

Aides locales

Il existe de nombreux dispositifs d'aide mis en place par les collectivités à l'attention des entreprises s'installant sur leur territoire et, dans certains cas, spécifiquement destinés à soutenir meublés de tourisme et chambres d'hôte. Il n'est pas possible de les répertorier toutes ici, mais, pour savoir si vous pouvez en bénéficier, rapprochez-vous de votre mairie, de votre communauté de communes (ces institutions sont souvent en charge du développement économique), des organismes consulaires et des services économiques des conseils départementaux et régionaux. Les conditions d'éligibilité varient d'une collectivité à l'autre. Par ailleurs, le montant des aides publiques est généralement plafonné. Un exemple ? Le conseil départemental de la Creuse alloue une subvention aux hébergements insolites et novateurs (yourtes, tipis, cabanes dans les arbres...), pouvant atteindre 25 % du montant des investissements.

Les aides générales à la création d'entreprise

De façon générale, des aides sont prévues pour la création d'entreprise, suivant notamment le public dont vous relevez. Dès lors que vous décidez de créer une entreprise pour exercer votre activité d'hébergement, ayez le réflexe de contacter les différents organismes susceptibles de vous aider financièrement ; de plus, vous y trouverez des interlocuteurs qui pourront vous accompagner sur votre projet et vous aider à mieux le structurer.

ACRE et NACRE

Ces deux dispositifs vous concernent directement si vous êtes demandeur d'emploi. Ils sont également ouverts à d'autres publics en difficulté :
Personnes bénéficiant de l'allocation temporaire d'attente (ATA), de l'allocation de solidarité spécifique (ASS) ou remplissant les conditions pour percevoir l'allocation spécifique de reclassement ; demandeurs d'emploi non indemnisés, justifiant d'une inscription à Pôle Emploi en tant que demandeurs d'emploi de six mois au cours des dix-huit derniers mois ; bénéficiaires du RSA, leur conjoint ou concubin ; bénéficiaires de l'allocation de parent isolé (API), etc.

NACRE

Le dispositif Nacre (Nouvel accompagnement à la création ou reprise d'entreprise), permet aux créateurs ou repreneurs d'entreprise d'être accompagné pendant trois ans, de la phase de montage de projet jusqu'au lancement de l'activité.
Renseignements : ce dispositif étant porté par les Régions, contactez votre Conseil régional.

L'aide à la création ou à la reprise d'entreprise (ACRE)

L'ACRE est un dispositif qui permet au créateur ou au repreneur d'entreprise de bénéficier d'une exonération partielle (50 %) des charges sociales (les cotisations relatives à la retraite complémentaire, à la CSG-CRDS, au Fnal, à la formation professionnelle continue et au versement transport restent dues) lorsque son revenu est inférieur à 30 852 euros (seuil 2021). Cette exonération peut être reconduite une fois, dans la limite de douze mois. Elle peut être attribuée à tout créateur ou repreneur d'entreprise quel que soit le secteur d'activité. La forme juridique doit être individuelle (artisan, commerçant ou profession libérale) ou en société : les associations, GIE ou groupements d'employeurs ne peuvent percevoir l'ACRE.

En pratique : la demande d'ACRE s'effectue auprèsde l'Urssaf dont vous dépendez. Urssaf.fr. Elle doit être déposée au plus tard dans les 45 jours suivant la création.

Impôts locaux, taxe professionnelle et taxe foncière

• Exonération (facultative) des impôts locaux pendant les deux premières années d'activité pour les entreprises qui bénéficient d'une exonération de l'impôt sur les bénéfices. Cette exonération (totale ou partielle) peut aussi concerner les taxes professionnelles, la taxe foncière et la taxe pour frais de la chambre de commerce ou de la chambre des métiers.
• Allégements fiscaux (facultatifs ou de plein droit) dans le cadre de l'aménagement du territoire.
Ces allégements de taxe sont votés par les collectivités territoriales et les organismes consulaires. Elles diffèrent d'une commune à l'autre ou d'un département à l'autre. Vous devez donc vous adresser au service des impôts de votre commune pour connaître les exonérations auxquelles vous avez droit.

Trouver des financements

Apports personnels, prêts bancaires, fonds de garantie sont les principales sources de financement auxquelles vous pouvez avoir accès.

Les apports personnels

Concernant l'épargne personnelle, de nombreuses mesures mises en place ces dernières années ont pour objectif de favoriser la création d'entreprise. Si votre projet se situe à moyenne échéance (au moins deux ans), il vous est encore possible de placer votre épargne dans l'optique de préparer votre lancement.

Le livret d'épargne entreprise (LEE)

Pour encourager les particuliers ayant un projet de création ou de reprise d'entreprise à constituer une épargne préalable, le livret d'épargne entreprise permet d'obtenir le moment venu un prêt à taux réduit (autour de 5 %) sur deux à quinze ans. Le principe est similaire à celui d'un plan d'épargne logement (PEL), mais l'octroi du crédit n'est pas automatique dans le cas d'un LEE. Pour ouvrir un livret d'épargne entreprise, il faut déposer un minimum de 750 euros puis effectuer des versements réguliers supérieurs à 540 euros par an pendant deux à cinq ans. Le livret est plafonné à 45 800 euros (hors intérêts) et rémunéré à un taux de 0,50 % (rémunération nette d'impôt). Il est possible de retirer les fonds déposés avant deux ans sans perdre l'exonération d'impôt sur les intérêts acquis, si les fonds sont utilisés dans les six mois pour le financement d'un projet de création ou de reprise d'entreprise par le titulaire du LEE, son conjoint, un ascendant ou descendant.

Le plan d'épargne en actions (PEA)

L'apport personnel peut également provenir d'un plan d'épargne en actions. L'épargne placée dans un PEA est investie, pour une durée minimale de huit ans, dans des titres d'entreprises (cotées ou non). Les dividendes et plus-values réalisés sont exonérés d'impôt sur le revenu (mais pas de prélèvements sociaux) si aucun retrait du PEA n'est effectué avant cinq ans. Et, désormais, les retraits effectués avant cinq ans sont également exonérés d'impôt sur le revenu si les sommes sont affectées dans un délai de trois mois au financement de la création ou de la reprise d'une entreprise.

Le plan d'épargne logement (PEL)

Les créateurs et repreneurs d'entreprise peuvent utiliser leur épargne logement pour financer l'achat d'un local à usage commercial ou professionnel si ce dernier comprend également l'habitation principale du détenteur du plan d'épargne, ce qui vous correspond particulièrement si vous adoptez un statut de société pour vos chambres d'hôte ou gîte(s).

Les amis et la famille

Si des proches peuvent vous aider financièrement, une réduction d'impôt sur le revenu est prévue pour les souscriptions effectuées par des personnes physiques au capital de sociétés non cotées exerçant une activité exclusivement industrielle, commerciale, artisanale, libérale ou agricole. Renseignements auprès des centres des impôts.
Parlez-en autour de vous ; des proches peuvent être intéressés par ces dispositions fiscales.
Aider un proche à créer son entreprise est un geste que beaucoup sont heureux de pouvoir faire. Si vous avez la chance de bénéficier d'aides financières de la part de votre entourage, restez néanmoins prévoyant et, pour assurer la poursuite de bonnes relations même en cas d'échec, encadrez soigneusement les circonstances dans lesquelles ce prêt vous sera accordé. Rédigez un contrat de prêt et faites-le enregistrer immédiatement au centre des impôts (faute de quoi l'administration le considérera comme un revenu imposable). Ce contrat doit mentionner les noms et coordonnées des personnes concernées, le montant du prêt et les modalités de remboursement.

Les dons

Les donations pour aider au financement d'un projet d'entreprise bénéficient de mesures spécifiques. Ainsi, vous pouvez bénéficier d'un don maximal de 31 865 euros tous les quinze ans, exonéré de droits de mutation, si ce don provient de l'un de vos parents, grands-parents, arrière-grands-parents, ou oncle/tante, et que cette personne est âgée de moins de 80 ans. Par ailleurs, le donateur bénéficie d'un abattement fiscal relatif à cette donation.
Les sommes données doivent être affectées dans les deux ans soit au capital initial de la société que vous créez, soit à l'acquisition de biens affectés à l'activité de votre entreprise individuelle.

Le financement participatif ou crowdfunding

Nouveau moyen simple, connecté et sympathique de trouver des financements, le *crowdfounding* a l'avantage aussi de fédérer d'emblée un groupe de personnes, amis et amis d'amis autour de votre projet de création.
Vous présentez votre projet sur une plateforme et les investisseurs contribuent financièrement, à la hauteur de leur choix. Cette contribution se fait en échange d'une contrepartie que vous fixez librement : du simple remerciement sur votre site Internet, à un séjour d'une ou plusieurs nuits, en passant par une soirée festive, un repas, un coffret gourmandise, un cours de yoga…
Comment ça fonctionne ?
- Vous déterminez la somme dont vous avez besoin.
- Vous fixez le délai pour rassembler cette somme.
- Vous mettez en ligne votre projet.

La contrainte du financement participatif est de parvenir à rassembler la somme dans le délai indiqué. Attention, si cet objectif n'est pas atteint, toutes les contributions sont retournées aux participants.

Simple et accessible, le financement participatif exige donc que vous réfléchissiez précisément à la façon dont vous allez présenter le projet, aux contreparties que vous offrirez et que vous évaluiez au plus juste (ni trop, ni trop peu) les sommes que vous demandez et les délais que vous vous fixez.
Pour les contributeurs éventuels, il s'agit davantage d'une démarche de coup de cœur et de soutien amical, personnel, que d'une recherche d'investissement. Aussi, sans faire l'impasse sur une démarche professionnelle, veillez à présenter votre projet de façon ludique, concrète, en mettant en avant votre personnalité et ce qui vous différenciera de vos confrères.
Lorsque vous mettez en ligne un projet, il est impératif d'informer très largement votre réseau personnel pour qu'il contribue mais aussi relaie l'information.

Quelques exemples de plateformes :
- kisskissbankbank.com
- ulule.com
- zeste.coop
- Il existe aussi des plateformes régionales, renseignez-vous auprès du service « Économie » de votre région.

À noter : lorsque l'objectif est atteint, la plateforme se rémunère par un pourcentage (entre 5 et 10 %) prélevé sur l'ensemble des contributions.

Les prêts bancaires

Lorsque l'on pense prêts bancaires, le premier réflexe est d'aller consulter son banquier habituel. Or, toutes les banques ne pratiquent pas la même politique de crédit. Les banques locales et régionales sont parfois plus à l'écoute des petits projets, car elles connaissent bien le contexte économique local. N'hésitez donc pas à les solliciter. Consultez surtout plusieurs agences, ce qui vous permettra de comparer les offres et de les mettre en concurrence, mais également d'avoir une solution de repli si votre demande de prêt est rejetée dans un ou plusieurs établissements.

Différents éléments vous aideront à convaincre votre banquier :
• un apport financier propre de 30 % minimum ;
• des garanties sérieuses : il peut être constitué par un dispositif national ou régional de garantie d'emprunt ou la caution d'un proche, notamment le conjoint (voir aussi plus bas le paragraphe consacré aux fonds de garantie) ;
• un dossier soigneusement monté : c'est pourquoi, dès les premiers temps de montage de votre projet, vous devez vous rapprocher des organismes qui vous accompagneront (comité départemental de tourisme, labels, chambres consulaires, etc.). Ils vous aideront à construire un dossier apte à rassurer un banquier frileux !

Plusieurs produits bancaires sont susceptibles de vous concerner : prêts issus des livrets de développement durable (ex-Codevi), prêts à la création d'entreprise, etc. Pour en savoir plus, s'adresser directement à une agence bancaire.

Les fonds de garantie

La grande majorité des organismes de financement (banques, sociétés de crédit-bail, d'affacturage ou de capital-risque...) exigent une caution pour couvrir les risques liés à leur participation. Les cautions personnelles (au nom de l'entrepreneur) sont très dangereuses et ne doivent être envisagées qu'en dernier recours, car elles engagent le patrimoine personnel du chef d'entreprise. Mieux vaut présenter la caution d'un fonds de garantie.

Un fonds de garantie est un dispositif financier qui peut cautionner une entreprise lors d'un emprunt à moyen ou long terme. Il peut couvrir jusqu'à 70 % du financement accordé. Ce dispositif est une solution de remplacement aux cautions (souvent importantes et dangereuses) exigées par les banques.

En échange de ce service, vous devez acquitter une contribution au fonds de garantie, qui peut être de l'ordre de 0,5 à 4 % du montant du financement cautionné. Ces fonds peuvent être nationaux ou à l'initiative des collectivités territoriales. Pour en savoir plus, vous pouvez vous renseigner auprès d'un organisme d'aide à la création d'entreprise ou auprès de votre banque, qui vous mettra en relation avec les organismes avec lesquels elle a l'habitude de travailler.

Le fonds France Active et le Fonds de garantie pour la création à l'initiative des femmes (FGIF)
▶ **Contact :** France Active. Internet : franceactive.org

Les sociétés de caution mutuelle (SCM)
▶ **Contact :** SCM. Internet : asf-france.com

Les fonds de garantie régionaux et départementaux
▶ **Contact :** informations auprès du conseil régional ou des chambres de commerce et d'industrie locales.

Les autres sources de financement

Microcrédit et investisseurs « alternatifs » : plusieurs structures, notamment associatives, proposent des sources de financement adaptées aux microprojets. Elles interviennent sous forme de prêts d'honneur, de prêts à taux zéro, d'avances remboursables, de dons, etc.

Annuaire solidaire !
▶ **Renseignements :** pour obtenir la liste de toutes les associations d'épargne locale et solidaire, consulter le site : finansol.org

Clubs d'investisseurs pour une gestion alternative et locale de l'épargne (Cigales)
▶ **Contact :** Cigales. Internet : cigales.asso.fr

Association pour le droit à l'initiative économique (Adie)
▶ **Contact :** Adie. Internet : adie.org

France Initiative
▶ **Contact :** France Initiative réseau. Internet : initiative-france.fr

Réseau Entreprendre
▶ **Contact :** toutes les adresses des associations du réseau sont sur reseau-entreprendre.org

Réseau d'accompagnement des créations et des initiatives pour une nouvelle épargne de solidarité (Racines) : ce réseau rassemble des Clefe, Clubs d'épargne pour les femmes qui entreprennent.

▶ **Contact :** Racines. Internet : racines-clefe.com

Nouvelle Économie fraternelle (Nef)

▶ **Contact :** Nef. Internet : lanef.com

5. Tenir sa comptabilité

Que vous ayez ou non décidé de créer une entreprise, vous devez impérativement vous familiariser avec certaines notions de comptabilité pour assurer la pérennité de votre activité. Vous devez également connaître les taxes et impôts induits par la location de vos hébergements.

Le point sur les impôts et les taxes

Nous l'avons vu, le choix d'un statut juridique n'a rien d'anodin. Concrètement, voici les différents impôts et taxes à acquitter suivant votre statut.

L'imposition sur le revenu

Si vous le relevez du statut fiscal de l'impôt sur le revenu, la location des bâtiments meublés, mais également les prestations de service qui en découlent – repas, locations de draps, de matériel – doivent être déclarés dans la catégorie des bénéfices commerciaux et industriels de votre déclaration de revenus.
En fonction de votre chiffre d'affaires[7], vous relevez de trois régimes possibles, entraînant chacun des obligations comptables et fiscales différentes :
• en deçà de 170 000 euros HT pour l'achat/vente ou la fourniture de denrées, la fourniture de logement et de 70 000 euros HT pour les prestations de services, vous relevez de la « micro-entreprise » (voir p. 119) ;
• en deçà de 789 000 euros HT pour l'achat/vente ou la fourniture de denrées, la fourniture de logement et de 238 000 euros HT pour les prestations de services, vous relevez du régime dit « réel simplifié » : votre résultat imposable est déterminé sur la base d'une comptabilité classique : un bilan, un compte de résultat et des annexes ;
• au-delà de ces sommes, vous êtes soumis au régime du « réel normal » : les documents comptables que vous devez établir sont plus importants et détaillés que dans le cas du réel simplifié.

7. C'est-à-dire le chiffre d'affaires annuel hors taxes pour l'année civile précédente.

L'impôt sur les sociétés (IS)

Les EURL qui le souhaitent peuvent être imposées à l'IS.
Les sociétés sont obligatoirement soumises au régime du bénéfice réel (simplifié ou normal).
Le taux normal de l'impôt sur les sociétés est de 28 % jusqu'à 500 000 euros (33,3 % au-delà).

La TVA

En deçà d'un chiffre d'affaires de 82 800 euros HT, vous pouvez bénéficier d'une franchise de TVA.
Au-delà, le taux de TVA applicable à la location est de 10 %, y compris sur les petits-déjeuners et la table d'hôte. En revanche, la taxe sur les boissons alcoolisées est de 20 %.

La contribution économique territoriale

Les loueurs de meublés situés dans leur habitation et bénéficiant d'un label peuvent, dans certains cas, être exemptés de la contribution économique territoriale. Renseignez-vous auprès de votre centre des impôts, de votre mairie ou de votre communauté de communes pour savoir quelle est la politique appliquée localement.

La taxe d'habitation et la taxe foncière

Si vos gîtes ou chambres d'hôte font partie de votre habitation personnelle, ils relèvent, au même titre qu'elle, de la taxe d'habitation. Vous êtes normalement assujetti à la taxe foncière. Cependant, des exonérations sont possibles lorsque certaines communes ou intercommunalités décident, sur délibération, de l'exonération de taxe foncière. Renseignez-vous auprès de votre mairie ou de votre communauté de communes ou d'agglomération.

Tenir sa comptabilité

Prendre des décisions adaptées, anticiper les difficultés, s'organiser pour les périodes où les rentrées financières ne seront pas suffisantes (débuts d'activité, périodes « hors saison », imprévus...), prévoir et se préparer aux changements et évolutions de votre activité ; tout cela exige d'avoir une bonne visibilité financière.

Quel que soit le statut que vous adoptez, il est, une fois de plus, nécessaire de vous comporter en chef d'entreprise et de construire très sérieusement votre dossier financier.
Si la gestion et la comptabilité sont des domaines auxquels vous ne connaissez absolument rien, n'hésitez pas à suivre une formation ; cela fait partie des compétences que vous devez maîtriser (pour les possibilités de financement et organismes de formation, voir la partie I). Pour vous y retrouver facilement, nous vous indiquons également ci-dessous les notions de base à connaître.

Les définitions et notions utiles

Trois ratios comptables sont importants à déterminer pour la construction de votre dossier financier. Pour les estimer, vous allez devoir réfléchir soigneusement aux périodes de location que vous pouvez envisager sur une année, mais également aux tarifs que vous appliquerez.

Votre chiffre d'affaires prévisionnel

Le chiffre d'affaires est le revenu que vous retirez de votre activité avant toutes déductions (impôts, taxes, frais et charges). Il se calcule de la façon suivante :
Nombre de chambres ou de gîtes × tarifs appliqués × nombre de nuitées/semaines de location par an.
N'oubliez pas que vous n'appliquez pas le même tarif en gîte suivant que vous vous trouvez en haute, moyenne ou basse saison.

Votre seuil de rentabilité

Il s'agit de la valeur du chiffre d'affaires en dessous duquel vous perdez de l'argent et au-dessus duquel vous en gagnez. Vous devez donc impérativement le connaître, ou du moins pouvoir le calculer rapidement. C'est une donnée que vous demandera tout investisseur sérieux.
Pour le calculer, il faut prendre en compte les charges fixes et les charges variables de l'activité. Les charges fixes sont indépendantes du chiffre d'affaires : elles doivent être payées même durant les périodes où vous n'accueillez aucun locataire (remboursements immobiliers, assurances, le salaire que vous souhaitez vous verser...). En revanche, les charges variables dépendent de l'occupation de vos hébergements, et donc du chiffre d'affaires que vous réalisez (achats de denrées alimentaires, électricité, eau, chauffage dans les chambres, etc.).

Or, c'est la marge réalisée sur le chiffre d'affaires qui permet de couvrir les charges fixes. Il faut donc calculer le chiffre d'affaires minimal dont la marge permet de couvrir les charges fixes : on obtient ainsi le seuil de rentabilité de l'entreprise. Si ce niveau de chiffre d'affaires paraît raisonnable, il constitue une bonne garantie aux yeux d'éventuels partenaires et un élément rassurant pour vous.

En résumé, voici quelles sont les étapes et les données du calcul :

Calcul de la marge sur coûts variables :
chiffre d'affaires HT prévisionnel - charges variables = marge sur coûts variable

Calcul du taux de marge sur coûts variables :
(marge sur coûts variables/CA HT) × 100 = taux de marge sur coûts variables

Calcul du seuil de rentabilité :
charges fixes/taux de marge sur coûts variables = seuil de rentabilité

Une fois le seuil de rentabilité calculé, vous pouvez déterminer votre point mort. Exprimé en jours, le point mort vous indique à partir de quel nombres de jours de location votre activité devient rentable.
Mode de calcul :
(Seuil de rentabilité / chiffre d'affaires prévisionnel HT) × nombre de jours d'activité = point mort

REVOIR SES PREMIÈRES ESTIMATIONS

Toute personne qui se lance dans une activité indépendante peut très bien, à un moment ou à un autre, avoir à modifier ses premiers chiffres. Si le seuil de rentabilité vous semble trop difficile à atteindre, réfléchissez aux points suivants :
• vos charges fixes (notamment votre salaire au début ?) ou vos charges variables sont-elles trop élevées ?
• vos tarifs sont-ils suffisants ? adaptés aux prestations que vous proposez ? (Consultez notamment les tarifs des hébergements similaires de la région) ;
• la période de location est-elle assez longue ?
• pouvez-vous proposer d'autres activités qui vous aideraient à rentabiliser votre activité ?

COMPTABILITÉ : SAVOIR SE FAIRE AIDER

Si vous craignez de passer trop de temps sur vos comptes ou de faire des erreurs, n'hésitez pas à faire appel à des professionnels. Cela vous tranquillisera et vous permettra de consacrer plus de temps et d'énergie à votre activité. Mais cela ne vous dispense pas de rédiger vos documents prévisionnels et de vous astreindre, au jour le jour, à une grande rigueur concernant les documents que votre comptable ou votre centre de gestion vous réclameront.

Les centres de gestion agréés

Les centres de gestion agréés ont été créés pour aider les petites entreprises dans leur gestion et les encourager à adopter le régime fiscal du bénéfice réel (ou simplifié). Ils vous aident à présenter des documents complets et correctement remplis aux services des impôts. Les entrepreneurs qui choisissent d'adhérer à un centre de gestion agréé peuvent bénéficier des avantages suivants :

• le bénéfice imposable des entreprises est majoré de 25 % avant d'être soumis au nouveau barème progressif par tranches de l'impôt sur le revenu. Les entreprises adhérentes d'un centre de gestion ne subissent pas cette majoration de leur bénéfice imposable ;

• possibilité de déduire le salaire du conjoint de l'impôt sur le revenu, sans limitation de revenu (alors que cette déduction est plafonnée à 13 800 euros pour les entreprises non adhérentes) ;

• réduction d'impôt de 915 euros maximum pour frais de tenue de comptabilité et d'adhésion au centre pour les micro-entreprises imposées sur option à la déclaration contrôlée BNC.

En contrepartie de ces différents avantages, la comptabilité de ces entreprises est soumise au contrôle détaillé du centre de gestion, qui a également une fonction d'aide à la gestion :

• il analyse les résultats de l'entreprise ;

• il donne des conseils en gestion ;

• il peut établir les déclarations fiscales de l'entreprise.

▶ **Contact :** Fédération des centres de gestion agréés. 2, rue Meissonnier, 75017 Paris. Tél. : 01 42 67 80 62. Internet : www.fcga.fr (le site s'adresse essentiellement aux professionnels des centres de gestion mais comporte également quelques liens utiles).

L'expert-comptable

L'expert-comptable vous apporte un suivi plus personnalisé et approfondi que les centres de gestion. Il établit votre déclaration d'impôt suivant les informations que vous lui avez fournies, vous conseille et peut vous aider à gagner de l'argent en vous aidant à mieux gérer vos achats, à placer vos revenus, etc. Son intervention se facture en honoraires, au temps passé.

Ils peuvent vous aider

Si vous éprouvez des difficultés à fixer vos tarifs, estimer le salaire que vous pouvez vous verser, prévoir des périodes d'activité raisonnables, rapprochez-vous des différents organismes que nous avons déjà évoqués ; comité départemental de tourisme, labels, chambres consulaires, les organismes financiers qui vous ont prêté de l'argent (le conseil est aussi une de leurs missions), un expert-comptable ou un centre de gestion agréé, etc.

Le besoin en fonds de roulement

Il s'agit de la somme d'argent dont l'entreprise a besoin pour fonctionner au quotidien. Cette donnée est très importante : trop d'entreprises se retrouvent dans l'incapacité de payer leurs fournisseurs à cause d'un mauvais calcul. Il faut toujours prévoir assez d'argent pour assurer un fonds de roulement entre le paiement des fournisseurs (sorties d'argent) et l'encaissement des ventes (rentrées d'argent).
Le besoin en fonds de roulement (BFR) se calcule ainsi :

Besoin en fonds de roulement
=
(stocks HT + crédit clients TTC) – crédits fournisseurs TTC

Le crédit clients est le total des sommes dues par les clients (« créances clients ») et les crédits fournisseurs sont les sommes dues aux fournisseurs (« dettes fournisseurs ») ; pour ce dernier poste, il peut s'agir de facilités de paiement pour des achats portant sur les équipements, le mobilier, les travaux effectués…
L'avantage de votre activité de location est que vous n'avez généralement pas de crédits clients, mais bien au contraire des arrhes de réservation : à vous de négocier des délais de paiement auprès de vos fournisseurs de façon à faire rentrer le maximum de recettes avant de devoir les régler.

Distinguer plan de financement et compte d'exploitation

Pour commencer votre dossier financier, commencez tout simplement à dresser la liste des différentes fonctions liées à l'activité de votre gîte ou de vos chambres ; déterminez ensuite de quelle façon vous financerez ces différentes actions.
Ainsi, par exemple, pour des chambres d'hôte que vous créez dans votre habitation (exemple non exhaustif) :

Formalités d'installation	• Coût visite d'agrément • Coût d'adhésion à un label • Coût d'adhésion à l'office de tourisme • Assurances complémentaires…
Créer l'hébergement	• Remboursement des emprunts immobiliers • Travaux d'aménagement intérieurs • Travaux d'aménagement extérieurs • Électricité, eau • Meubler et décorer les chambres • Achat du linge de toilette • Blanchisserie du linge • Nettoyage des chambres, etc.
Petit-déjeuner et table d'hôte	• Aménager la cuisine selon les règles sanitaires • Aménager une salle pour les repas • Vaisselle et linge de table • Achats des denrées alimentaires
Promotion	• Inauguration des chambres • Création d'un site Internet • Frais postaux, téléphonie • Information aux différents acteurs locaux…

Pour chaque poste identifié, inscrivez dans une colonne supplémentaire de quelle façon vous allez le financer : emprunts, fonds propres, prêts, aides, revenus tirés d'une autre activité, ressources dont vous disposez déjà, etc. (par exemple, si vous vous chargez vous-même du ménage, du blanchissage, du jardinage, etc.).

Classez ensuite tous ces éléments dans deux documents comptables :

• le **plan de financement**, qui comprend les éléments liés à l'activité elle-même ; remboursement des emprunts immobiliers, travaux d'installation, équipement, mobiliers, frais d'établissement, votre salaire… ;

• le **compte de résultat**, qui recense les éléments qui relèvent du fonctionnement au quotidien : cotisations, assurances, gaz, électricité, téléphone, frais postaux, décoration, blanchisserie, entretien, etc.

Plan de financement initial et plan de financement à trois ans

Plan de financement initial

Le plan de financement initial va permettre de déterminer le coût du projet et de rechercher comment le financer. L'objectif est de recenser tous les besoins et ressources puis de réussir à les équilibrer.
Votre tableau comprend deux parties : à gauche, les besoins de financement, à droite, les ressources financières. Les deux totaux doivent être équilibrés, égaux l'un à l'autre.

Principaux postes de votre plan de financement initial

Besoins	Montant HT	Ressources	Montant HT
Frais d'établissement de votre activité		• Apports personnels • Subventions ou primes d'équipement • Emprunts à moyen ou long terme	
• Investissement • Travaux • Gros œuvre, maçonnerie, toiture, chauffage, plomberie, • Aménagements extérieurs, sanitaires, équipement électroménager et mobilier de la cuisine et des sanitaires, éclairages • Mobilier • Décoration • Matériel de loisirs			
Besoin en fonds de roulement			
Total		**Total**	

Attention : les primes et subventions que vous obtiendrez sont versées sur présentation de factures acquittées, et donc une fois les travaux réalisés. Vous ne pouvez pas les prendre en compte pour financer directement les travaux.

Plan de financement à trois ans

Sur le même modèle que le plan de financement initial, vous allez maintenant établir le plan de financement à trois ans (rappelons que des corrections et allers-retours avec le compte d'exploitation sont toujours possibles jusqu'à ce que vous ayez finalisé le plus justement vos documents comptables).
Ce document permet de s'assurer que vous allez dégager suffisamment de ressources pour couvrir les besoins de votre activité durant les trois prochaines années.
Reprenez le contenu du plan de financement initial, auquel vous ajoutez la capacité d'autofinancement : il s'agit de la somme du bénéfice après impôt + la dotation aux amortissements de l'exercice.

Plan de financement	**Année 1**	**Année 2**	**Année 3**
• Besoins (durables) - Frais d'établissement - Immobilisations (investissements : travaux, agencements, bureautique, informatique…) - Autres (préciser) - Remboursement d'emprunts (à moyen ou long terme) - Besoin en fonds de roulement (variation)			
Total			
• Ressources (durables) - Capitaux propres - Capacité d'autofinancement - Aides et subventions - Capitaux - Emprunts à moyen et long terme			
Total			
Solde de l'exercice			
Solde cumulé			

Le solde de chaque exercice permet de voir la différence entre les besoins et les ressources d'un cours d'une année. Le solde cumulé fait apparaître si les excédents et les déficits se compensent d'un exercice sur l'autre.

Le compte de résultat prévisionnel

Le compte de résultat prévisionnel enregistre l'ensemble des produits d'exploitation (vos locations et ventes de produits) et des charges d'exploitation (vos dépenses et amortissements) sur une année. La différence entre les produits et les charges entraîne un bénéfice ou une perte et détermine la rentabilité de l'entreprise. Le compte de résultat prévisionnel sur trois ans permet de vérifier ces éléments pour les premières années d'activité.

L'idéal est de réaliser ce document vous-même et de le montrer ensuite à un comptable (vous pourrez obtenir gratuitement ce genre de service auprès des organismes de soutien à la création d'entreprise).

Dans le tableau de présentation, les produits et charges sont regroupés en plusieurs grands postes qui ne font pas apparaître tous les détails car il s'agit d'un document de synthèse. Le tableau doit être aussi clair que possible : il faut éviter de se noyer dans les chiffres. Il ne doit comprendre que des sommes hors taxes.

Voici les grands postes du tableau et quelques définitions de base pour vous permettre de réaliser vos premiers comptes de résultat :

Débit	Crédit
• Charges d'exploitation	• Produits d'exploitation
• Charges financières	• Produits financiers
• Charges exceptionnelles	• Produits exceptionnels
• Impôts sur les bénéfices	
• Bénéfice net	• Perte nette

Les produits

C'est l'argent qui va rentrer dans les caisses de l'entreprise au cours de l'année. Ils comprennent :

• les produits d'exploitation : produits issus de vos locations, ventes et services facturés. C'est le chiffre d'affaires prévisionnel ;

• les produits financiers : si vous avez effectué des placements financiers ;

• les produits exceptionnels : il s'agit des rentrées d'argent qui ne font pas partie de l'activité normale et habituelle de l'entreprise. Par exemple, la revente d'un véhicule à un tiers constitue un produit exceptionnel si l'activité de l'entreprise n'est pas la vente de véhicules et que ce dernier a été revendu plus cher qu'il n'a été acheté.

Les charges

Ce sont les dépenses réalisées par l'entreprise dans le cadre de son activité. Pour des prévisions sur trois ans, il faut prendre en compte d'éventuelles hausses de prix (sur les achats, sur les primes d'assurance, etc.) et une augmentation de la charge de travail (et donc d'éventuelles embauches…). Il faut voir loin et « prévoir l'imprévisible » en conservant toujours de la trésorerie d'avance. Ce poste comprend :

- **les charges d'exploitation :** ce sont tous les achats nécessaires au fonctionnement de l'entreprise (matières premières, marchandises, matériel, électricité…), les services extérieurs nécessaires (sous-traitance, publicité, assurances, entretien et réparations, transports…), les frais de personnel, les impôts et taxes dont vous serez redevables au cours de l'année considérée, et les dotations aux amortissements ;
- **les charges financières :** ce sont les remboursements et les intérêts dus sur les emprunts, ainsi que les agios dus sur les découverts ;
- **les charges exceptionnelles :** ce sont toutes les dépenses imprévues (et donc difficiles à prévoir dans un compte de résultat prévisionnel…) telles que du mobilier abîmé, un redressement fiscal, un accident survenu avec une voiture de l'entreprise, etc. ;
- **le résultat :** le résultat est obtenu en soustrayant le total des charges du total des produits. Un résultat positif est un bénéfice auquel il faut encore soustraire l'impôt sur les bénéfices (IS ou BIC) pour obtenir le bénéfice net. Un résultat négatif est une perte nette.

Le compte de résultat prévisionnel sur trois ans

Charges	A1	A2	A3	Produits	A1	A2	A3
• Charges d'exploitation • Approvisionnements • Eau, électricité • Fournitures d'entretien • Fournitures administratives • Fournitures diverses • Charges externes • Assurances • Entretien (locaux, matériel) • Documentation • Autres charges externes • Honoraires • Frais postaux, téléphonie • Frais de communication • Frais de transport • Voyages et déplacements • Divers • Impôts et taxes • Taxe professionnelle • Autres impôts et taxes (hors IS) • Frais de personnel • Salaires et charges sociales • Commissions versées • Dotations aux amortissements • Charges financières • Intérêts payés • Agios • Charges exceptionnelles				• Produits d'exploitation • Chiffre d'affaires • Produits financiers • Intérêts encaissés • Produits exceptionnels - Subvention d'équilibre (compensant le déficit d'une activité estimée d'intérêt public) - Quote-part de subvention d'investissement (réintégration de la partie amortie de l'investissement acquis)			
Bénéfice				**Perte**			
Total				**Total**			

Le plan de trésorerie

Le plan de trésorerie permet de prévoir si l'entreprise risque de rencontrer ou non des difficultés de trésorerie ponctuelles. Dans la mesure où les sorties et les rentrées d'argent ne se font pas de façon régulière et homogène au cours de l'année, du fait de l'existence de saisons touristiques et d'autres plus creuses, ce décalage entre encaissements et décaissements peut devenir gênant au niveau de la trésorerie. Or, vous devez pouvoir payer toutes les charges dues avant la saison, c'est-à-dire avant vos principales rentrées d'argent.

Le plan de trésorerie récapitule les sorties et les rentrées d'argent mois par mois, au cours d'un ou plusieurs exercices à venir. Pour l'établir, il faut reprendre les données du compte de résultat (annuel) et affecter toutes les dépenses et les recettes au mois correspondant. Attention, il ne s'agit pas du mois de facturation mais du mois d'encaissement ou de décaissement. Ensuite, il faut faire le solde des encaissements et des décaissements chaque mois, puis le cumul des soldes d'un mois sur l'autre.

Tous les soldes négatifs traduisent des problèmes de trésorerie qu'il faut anticiper. Par exemple, il est possible de faire une demande de découvert ponctuel à votre banquier en lui montrant le plan de trésorerie pour justifier l'aspect ponctuel de votre besoin en trésorerie (sur un mois ou deux, par exemple). Mais vous pouvez aussi essayer de différer certaines dépenses, de négocier pour réduire les délais de paiement de certains clients ou augmenter les délais de paiement chez certains fournisseurs… À vous de vous organiser au mieux pour que vos problèmes de trésorerie ne mettent pas en péril votre activité.

Modèle de plan de trésorerie

Mois	J	F	M	A	M	J	J	A	S	O	N	D
Solde en début de mois												
Encaissements TTC : • d'exploitation : - chiffre d'affaires encaissé par exemple • hors exploitation : - apport en capital - emprunts à moyen et long terme - primes - subventions d'équipement …												
Total (A)												
Décaissements TTC • d'exploitation : - achats (marchandises, matières premières, de services…) - sous-traitance - loyers et charges locatives - eau, gaz, électricité - fournitures de bureau - autres charges externes - salaires bruts - charges sociales - impôts et taxes - impôts sur les bénéfices - TVA versée - charges financières … • hors exploitation : - remboursement d'emprunts - immobilisations - investissements												
Total (B)												
Solde mensuel (A – B) Solde cumulé												

CHECK-LIST

DÉMARCHES ET FORMALITÉS, QUELS SONT LES BONS INTERLOCUTEURS ?

Vérifier la cohérence du projet

✓ Pour vérifier que votre projet est cohérent, structuré et s'intègre dans l'environnement économique de votre région :
• comité départemental de tourisme
Contact : liste disponible sur www.tourisme.gouv.fr ;
• contactez les différents labels auxquels vous envisagez de vous affilier et comparez leurs prestations. Il est important de bénéficier de leur suivi.

Créer une entreprise

✓ Si vous souhaitez créer une entreprise pour exercer, contactez le centre de formalités des entreprises de votre chambre de commerce et d'industrie, de métier ou d'agriculture suivant votre activité principale.

Monter un dossier financier

✓ Pour monter votre dossier financier et connaître les subventions et aides auxquelles vous avez droit, mettez-vous en relation avec :
• les organismes d'aides à la création d'entreprise ;
• les centres et associations de gestion agréée ;
• un expert-comptable ;
• une boutique de gestion ;
• les collectivités territoriales, qui vous informeront sur les taxes locales dont vous êtes redevable.

Financer son projet

✓ Afin de trouver des financements pour votre projet, contactez :
• différentes agences bancaires, pas seulement la vôtre ;
• des fonds de garantie ;
• des structures de prêts et d'aide à la création d'entreprise.

Déclarer son activité

✓ Pour déclarer votre activité, prévenez :
• pour les chambres d'hôte, votre mairie ;
• pour les gîtes, votre préfecture.
✓ Le comité départemental du tourisme se charge de votre dossier de demande de subventions mais vous pouvez néanmoins être amené à contacter le conseil départemental, le conseil régional, votre communauté de communes, etc.

LA ROUGEANNE
MONIQUE ET PAUL-ANDRÉ GLORIEUX
8, allée du Parc, 11170 Moussoulens
Tél. : 04 68 24 46 30
http://larougeanne.com

Cinq chambres d'hôte de deux à quatre personnes

Juillet : la lumière de l'été fait vibrer les tons ocre et rouges de la Rougeanne, longue et belle demeure enclose dans un village proche de Carcassonne. Au jardin, l'ardeur du soleil est tempérée par de nombreux recoins ombragés et par la piscine, entourée de cactus et de lavande. L'intérieur de la maison préserve la fraîcheur derrière les volets ; partout, les teintes pastel et les meubles de famille instaurent une atmosphère paisible, aussi élégante que confortable. À l'étage, une spacieuse terrasse ouvre une vue magnifique sur la chaîne des Pyrénées ; c'est là que Paul-André et Monique Glorieux nous retracent leur parcours.

« Lorsque nous avons visité la Rougeanne pour la première fois, elle était inhabitée depuis cinquante ans, et donc, en très mauvais état. Mais nous avons tout de suite su qu'elle correspondait à nos recherches. L'emplacement est très agréable, nous sommes adossés au village de Moussoulens et notre propriété s'étend sur 5 000 mètres carrés, ce qui nous assure une vraie tranquillité.
Pour les travaux, c'est bien simple : tout était à faire. La Rougeanne est une ancienne propriété viticole de la fin du XVIIe-début XVIIIe siècle ; les dernières modifications, dans les années 1930, avaient transformé tout le bâtiment principal en maison d'habitation, en particulier en aménageant les anciens chais. Nous avions le souci de respecter l'authenticité des lieux. La toiture étant entièrement à refaire, nous n'avons apporté qu'une seule modification importante en créant une vaste terrasse dans la toiture. Ce changement mis à part, nous avons conservé la personnalité de cette maison, qui s'étend sur 50 mètres de longueur et trois niveaux. Les pièces en enfilade sont particulièrement adaptées à notre activité, et l'existence d'une belle entrée traversante nous a permis de délimiter les espaces entre notre propre lieu de vie et la partie aménagée pour les visiteurs, avec les quatre chambres d'hôte et le salon réservé aux hôtes. Pour nous, c'était important de pouvoir séparer les deux espaces, car notre plus jeune fils vivait encore avec nous, il n'avait que 12 ans et nous tenions à ne pas lui imposer notre activité, il fallait absolument qu'il garde son espace de vie bien à lui,

son intimité. Mais bien sûr, nous ne vivons pas de façon totalement séparée avec nos hôtes ; nous partageons souvent nos soirées avec eux, ils n'hésitent pas à venir jusqu'à nous si besoin et, de toute façon, dès les beaux jours, tout le monde se retrouve et vit dans le jardin, sur les terrasses, autour de la piscine…

À l'origine, l'idée d'ouvrir une maison d'hôte est venue de mon licenciement économique, en 1999. À l'époque, nous habitions Paris avec nos quatre enfants, âgés de 10 à 20 ans. Ma femme était enseignante et moi, commercial pour une grosse société internationale. J'avais alors 49 ans, ce n'était pas évident de retrouver du travail et c'est ainsi qu'est né le projet de créer notre propre activité. Avec en prime, l'opportunité de changer de vie. Nous avions plusieurs critères en tête : nous installer dans le Sud, dans une région touristique, où les enfants pourraient poursuivre facilement leurs études, chacun à son niveau, du collège à l'université.
Nos recherches nous ont conduits vers Carcassonne, proche de Toulouse, où se trouvent universités et grandes écoles. Dans un premier temps, le projet a été un peu différé car j'ai repris un poste de direction d'établissement pour personnes âgées durant trois ans.

Puis, en 2002, nous avons trouvé la Rougeanne. Je m'y suis installé tout de suite pour suivre les travaux. Ils ont duré deux ans. Durant toute cette période, ma femme faisait les allers-retours, puis elle a pu prendre sa retraite.
Du point de vue financier, nous avons vécu de grosses frayeurs. Entre l'achat et les travaux, nous avons investi 800 000 euros, le principal apport étant constitué par la vente de notre appartement parisien.
Nous avions consulté des banquiers à Paris, mais ils nous ont mal conseillés ; depuis la capitale, ils avaient un peu de mal à imaginer ce que pouvaient représenter des chambres d'hôte de charme dans l'Aude ! Nous avons été orientés sur des placements trop risqués, ce qui nous a coûté pas mal d'argent. Nous avons même dû puiser dans nos réserves et faire appel à la famille et aux amis, pour achever les travaux, un peu in extremis. *Sur place, les Gîtes de France nous ont aidés à constituer un dossier conséquent dans le but d'obtenir une subvention. Ils ont fait leur travail très sérieusement et nous ont permis d'obtenir 35 000 euros, le maximum que nous pouvions espérer !*

Lorsque l'on se lance dans cette activité, il faut soigneusement étudier les possibilités de la région, se faire une idée très précise de ce que l'on souhaite créer et s'y tenir sans se laisser influencer.
Malgré les réticences des banquiers, nous étions certains que la clientèle existait pour une offre exigeante des chambres d'hôte de charme et que nous pouvions tabler sur des tarifs assez élevés. Nous avions

identifié un potentiel de touristes plutôt aisés, une clientèle internationale (essentiellement britannique, néerlandaise, allemande…), à la recherche d'hébergements de charme, raffinés, représentant l'art de vivre à la française. Heureusement pour nous, cela s'est très vite vérifié, il faut dire qu'il existait très peu de structures de ce genre dans la région.

Notre clientèle utilise principalement Internet et les guides spécialisés ou des agences pour réserver. Dans la région, près de 40 % des hébergements utilisent ces réseaux pour promouvoir leurs locations. En ce qui nous concerne, nous consacrons beaucoup de temps et d'énergie à notre communication : nous sommes présents dans plusieurs guides internationaux, dans le guide Rivages et le guide "Charmance" des Gîtes de France. Bien entendu, nous avons avant tout rapidement créé notre propre site Internet. Dès le départ, bien que le régime fiscal au forfait ne demande pas de connaissances très approfondies en comptabilité, nous avons fait appel à un comptable professionnel, qui est le mieux capable de suivre notre évolution et nous conseiller sur les choix à faire, c'est une décision que nous ne regrettons pas.
Depuis dix ans, grâce à un travail acharné, sans aide, nous avons l'impression de pouvoir vivre correctement, mais il faut dire que nous percevons nos deux retraites et que nous sommes en province, ce qui fait une différence avec le coût de la vie à Paris. Pour l'instant, tant que tous les aménagements intérieurs et extérieurs n'étaient pas finis, il ne serait pas encore possible de ne vivre que des revenus des chambres.
D'autre part, nous sommes conscients que, par rapport à d'autres structures, les charges d'entretien resteront toujours élevées au regard de la taille de la propriété et du soin que nous apportons à l'entretien des extérieurs, la qualité de l'accueil de nos hôtes restant notre souci principal.
Nous avons le projet dans les années à venir, puisque le gros des travaux est terminé, de soigner particulièrement la communication de façon à optimiser sur toute l'année notre fréquentation, fréquentation qui pour l'instant est encore très saisonnière. »

LE MAINE
CATHERINE LAMBERT
ET MAXENCE DEGOUY
24640 Cubjac
Tél. : 05 53 05 30 09
www.lemaine-en-perigord.com

Deux gîtes de quatre personnes, un gîte de deux personnes

Au bout d'une belle allée plantée d'arbres, s'étend le Maine, une élégante chartreuse au charme patiné par plus de trois cents ans. Tout autour, un parc immense abrite un bois parcouru de petits chemins, un jardin potager, un pré où s'égaye l'âne Zébulon, mille et un recoins d'ombre ou de lumière. C'est dans ce cadre magnifique et intemporel que Catherine et Maxence ont créé la « maison de Marc », tout en authenticité et douceur de vivre. Ont suivi, en 2010, « La cuisine d'Alice » et « Chez Colette et Mimi », deux nouveaux hébergements. Une halte qui, à l'image du Périgord, conjugue harmonieusement quiétude et générosité.

« Le Maine est une véritable maison de famille, mon arrière-grand-père y vivait. Par la suite, ma famille est partie vivre à Paris, mais j'y ai passé tous mes étés d'enfance, avec mes deux frères. Nous espérions garder la maison tous les trois et pensions continuer à venir y passer les vacances, en famille. Mais mes frères ont évolué vers d'autres projets et, en 2001, ils ont pris la décision de vendre leurs parts. Maxence, mon conjoint, et moi avons dû alors nous décider très vite : soit laisser partir cette maison que nous aimions tant, soit la racheter et changer totalement de vie. Nous n'avons pas hésité très longtemps, et c'est la seconde option que nous avons retenue.

Nous savions en décidant de garder le Maine que nous voulions le partager et transmettre un certain art de vivre, mais nous ne savions pas comment. Que faire de cette vaste maison, de ses nombreuses dépendances et de ses 27 hectares de terrain ? Nous n'avons pas d'enfants, tant d'espace seulement pour nous deux, cela n'aurait pas eu de sens ! Ouvrir un gîte nous a semblé la meilleure solution pour rencontrer des gens, partager et faire découvrir cette maison, l'entretenir, en un mot, pour la faire vivre.
Nous avons quitté Paris en décembre 2001 et sommes venus nous installer au Maine. Dès notre arrivée, nous avons fait installer un chauffage au fioul dans notre propre habitation (ce sont les seuls

travaux que nous avons réalisés chez nous !) et nous avons commencé à travailler sur le premier gîte.
Nous l'avons créé dans la maison de l'ancien jardinier, Marc, qui a entretenu la propriété durant de longues années. Nous avons annexé une partie d'un ancien poulailler pour créer les sanitaires et agrandir la cuisine. Nous avons fait faire tout le gros œuvre et avons réalisé nous-mêmes les finitions et la décoration.

La décoration est un poste primordial pour nous, car l'identité de notre gîte y est totalement liée. Lorsque nous avons fait le tour des locations que nous avions déjà fréquentées, de celles que l'on peut consulter sur Internet, nous avons été frappés par le fait que la décoration intérieure était souvent oubliée, ou du moins n'avait pas toujours fait l'objet d'autant d'attention que l'extérieur. Très souvent, nous avons découvert de très jolies maisons, véritablement soignées, certaines avec des jardins magnifiques, mais une fois passé le seuil, nous étions déçus par une décoration inaboutie, disparate ou peu élaborée. Or, il est fondamental de se sentir bien, dans un intérieur soigné, même s'il s'agit d'une location pour l'été et que les gens vivent majoritairement dehors.

Notre gîte a été créé en respectant les matériaux de la région : tuiles canal à l'ancienne, dallage en pierre, poutres apparentes, chaux ferrée sur les murs, meubles anciens de famille ou chinés. Les tons sont doux, crème, vert toscan, ocre, coquille d'œuf, camaïeu de gris… Une cheminée toujours équipée de bûches, prête pour une bonne flambée, des coussins aux teintes vives pour apporter des touches de couleurs, un secrétaire ancien avec quelques livres, des figurines et dessins de poules dans la cuisine pour rappeler l'ancien poulailler… Confort, douceur et art de vivre ont été nos mots d'ordre.

Nous avons apporté le même soin aux extérieurs : le gîte dispose d'un petit jardin privé, clos d'un muret de pierre, dans lequel nous avons installé un salon de jardin en bois et un parasol. C'est une partie extérieure privée à l'usage exclusif de nos hôtes mais, bien entendu, ils peuvent aussi accéder à l'ensemble de la propriété ; à la piscine, entourée d'une terrasse en bois sur laquelle nous avons disposé des chaises longues. Au bois, dans lequel on peut circuler à vélo (nous en prêtons à nos hôtes) ou même jouer à se perdre ! Nos hôtes peuvent aussi se servir en plantes aromatiques dans notre potager et aller faire un petit coucou à Zébulon, notre âne, que tous les enfants adorent !

Le montant de ces premiers travaux s'est élevé à 50 000 euros pour le gîte et 54 000 euros pour la piscine. Nous n'avons bénéficié d'aucune subvention. Nous avons fait la déclaration en préfecture, où nous avons été classés en quatre étoiles. Pour l'instant, nous continuons d'exercer en non-professionnel, en statut micro-BIC, en parallèle à nos activités professionnelles : Maxence est illustrateur pour la presse et la publicité, et moi, photographe. Concernant les labels, nous étions décidés à rejoindre les Gîtes de France, car ils possèdent une bonne visibilité à l'international, ce qui correspondait à la clientèle que nous souhaitions toucher. Mais, à l'issue d'une première visite, le comité départemental du tourisme nous a proposé le label Clévacances, qui pour nous n'a pas le même prestige ni la même visibilité à l'international. Peut-être aurions-nous dû relancer les Gîtes de France mais, après réflexion, leurs critères ne rejoignent pas les nôtres. Par exemple, ils préconisent la création d'un sas d'entrée avant les pièces à vivre ; pour notre part, nous considérons qu'une entrée directe dans la pièce à vivre correspond à l'authenticité des humbles maisons de ferme. Tous nos hôtes trouvent cela très agréable, d'ailleurs. Les Gîtes de France donnent une liste très précise concernant l'équipement mais ne préconisent quasiment rien sur le confort et l'esthétique. Pour nous, le confort d'une maison tient avant tout à son esthétique, à son harmonie générale et tant pis s'il n'y a pas d'autocuiseur dans la cuisine ! Mais attention, cela ne veut pas dire que nous faisons l'impasse sur l'équipement : la cuisine est aussi fonctionnelle que bien équipée, et nous mettons à disposition de nos hôtes une télévision avec satellite, une chaîne hi-fi et une connexion Internet !

La "maison de Marc" a ouvert au début de l'été 2004 ; mais comme nous n'avions pas communiqué, que nous n'étions répertoriés nulle part, nous n'avons eu quasiment personne durant cet été-là ! Les offices du tourisme les plus importants sont surtout situés dans le sud du département, près de Lascaux, de Sarlat, des Eyzies... Cubjac se trouve au centre du département et, de ce fait, ils ne nous connaissent pas et ne peuvent pas nous conseiller à leurs visiteurs.
Mais heureusement, grâce à notre site Internet, nous avons très vite été repérés par les amoureux du Périgord, et notre clientèle s'est constituée rapidement. Maxence et moi l'avons conçu ensemble, en y apportant le plus grand soin ; les textes et photos sont de nous, nous avons essayé au maximum de traduire l'atmosphère du Maine, au cours des quatre saisons, puisque nous sommes ouverts toute l'année. Nous avons fait l'effort d'être le plus informatifs et précis possibles, pour que nos hôtes viennent en pleine confiance. Lorsque je réponds au téléphone, j'essaie d'être aussi très précise dans mes réponses, pour nous, cela fait aussi partie de notre identité. Notre site Internet est trilingue : il a fallu se remettre à l'anglais !... Pour la partie en allemand, coup de chance, c'est un de nos hôtes, un Allemand, qui nous a proposé de se charger gracieusement de la traduction ! Un de nos amis, germanophone, nous a dit qu'elle était de très bonne qualité et qu'elle rendait fidèlement le

texte en français. Toutes nos réservations nous viennent du site, nous n'avons aucun autre moyen de promotion… à part une série de coups de chance : notre clientèle est à 80 % d'origine étrangère, avec une nette majorité de Canadiens, d'Australiens et d'Américains. Au début de notre activité, nous avons reçu plusieurs hôtes à la fois originaires de ces pays et… journalistes. Plusieurs ont eu un véritable coup de cœur pour le Maine, et c'est ainsi que nous avons été présentés dans des magazines canadiens, à la radio australienne et que nous avons eu une page dans le West Australian *! Une presse étrangère prestigieuse, un site Internet en trois langues et le bouche à oreille qui fait le reste : notre gîte est occupé jusqu'à sept mois par an, tout au long de l'année. Nous ne fermons jamais, sauf en période de travaux, et nous avons très souvent des hôtes à Noël et au premier de l'an, ainsi que durant les périodes creuses de janvier et février, où les visiteurs viennent goûter au calme hivernal.*

Durant cinq ans, nous nous sommes partagés entre le Maine et Paris, trois jours ici, quatre jours là-bas, pour poursuivre nos activités professionnelles. Et puis nous avons éprouvé un plaisir grandissant à recevoir des hôtes, et nous avons eu le désir de vivre davantage ici. Cela voulait dire changer d'activité et trouver aussi une autre source de revenus. C'est ainsi qu'est venue l'idée d'ouvrir deux nouveaux gîtes dans une autre dépendance, pour quatre et deux personnes ; cela nous permettra de mieux accueillir nos hôtes qui viennent à deux couples : ils représentent 50 % de notre clientèle, à égalité avec les familles de deux enfants. Début 2008, nous avons relancé des travaux, en gardant le même souci d'une belle restauration à l'ancienne, et nous avons ouvert à l'été 2010. L'aménagement et l'ameublement des deux hébergements sont très différents de la "maison de Marc" ; "chez Colette et Mimi" allie décoration traditionnelle et ultra contemporaine, tandis que "La Cuisine d'Alice", un loft pour deux personnes, prend des allures de café épicerie de campagne mâtiné de bistro parisien ! Partout, on retrouve le même esprit chaleureux, avec le souci constant que pour chacun, il fasse toujours bon vivre au Maine. »

EXERCER AU QUOTIDIEN ET SE FAIRE CONNAÎTRE

PARTIE IV

1. Au quotidien, les points à connaître

Vous voici prêt : votre gîte ou vos chambres sont soigneusement équipés, vous avez communiqué sur vos locations (voir chapitre 2 ci-dessous) et, déjà, les premiers clients prennent contact avec vous, commencent à se renseigner… Comment vont se passer les premiers échanges ? À quelles formalités devez-vous penser ? Rien de plus naturel que d'accueillir des amis chez soi et de veiller à leur confort et à leur bien-être. Instaurer une relation commerciale est un peu plus complexe, mais, en ayant en tête les principaux éléments de la réglementation et avec un peu de pratique, les automatismes s'acquièrent très vite.
À vous de jouer…

Les réservations et le contrat de location

Premiers contacts…

Quel que soit le moyen de contact que vos clients utiliseront, le plus souvent par courriel ou téléphone, vous devrez observer certains principes pour que vos relations partent sur de bonnes bases, comprises par les deux parties.

Disponibilité et réactivité

Nous l'avons déjà signalé plus haut, la disponibilité est absolument fondamentale pour cette activité. Lorsque vous vous absentez, veillez à ce que votre messagerie soit toujours activée et, en cas d'absence pour plusieurs jours, indiquez le numéro de portable sur lequel vous joindre. Bien entendu, vous pouvez indiquer ce même numéro sur votre site Internet, ce qui permet aux clients de vous joindre en permanence. Sur votre messagerie, invitez vos interlocuteurs à vous laisser leurs coordonnées et indiquez que vous les rappellerez rapidement. Et, bien entendu, faites-le au plus vite. Généralement, les personnes qui recherchent un hébergement appellent plusieurs loueurs et se déterminent en fonction de celui qui les recontacte le plus vite. Il serait dommage de perdre des clients faute de les avoir rappelés suffisamment tôt.
Cette nécessaire réactivité vaut également pour les échanges par courriel. N'hésitez pas à appeler au téléphone une personne qui vous a envoyé un message : l'échange sera tout de suite plus chaleureux. Dès lors que vous indiquez une adresse électronique,

consultez fréquemment votre messagerie, au moins le matin et le soir. Les utilisateurs d'Internet s'attendent à une certaine instantanéité, et rien de plus agaçant que de ne recevoir une réponse qu'au bout de trois jours. Si vous vous absentez, pensez à créer un message de réponse automatique sur lequel vous indiquerez également les coordonnées auxquelles vous joindre.

Politique tarifaire

La fixation des tarifs de chambres d'hôtes et de meublés de tourisme est libre[8], il vous appartient de les déterminer à partir de vos charges, de la moyenne des prix sur votre marché, et du positionnement que vous souhaitez adopter.
En termes de politique commerciale, il est judicieux de prévoir autant que possible des tarifs « tout compris » : ainsi le petit-déjeuner et le ménage quotidien de la chambre et des sanitaires sont-ils désormais inclus dans le tarif des chambres d'hôte. La location de linge de lit et de toilette sans supplément dans les gîtes tend aussi à se généraliser. Adoptez la même politique pour un lit bébé que vous installez dans la chambre des parents, ou le prêt de vélos, de matériel de pêche, etc. Même chose pour le ménage : bien des gîtes le proposent souvent en supplément, laissant ainsi le choix aux hôtes sur le départ de le faire eux-mêmes ou non. Cependant, l'hygiène et la propreté étant, nous l'avons dit, des priorités, mieux vaut vous assurer que tout sera fait correctement et vous en charger vous-même, ou engager une personne qui vous aidera. En revanche, libre à vous d'inclure tous ces coûts dans vos charges et de les répercuter sur vos tarifs.
Pour des séjours de plus de trois nuitées en chambre d'hôte, il devient courant de proposer une remise : prenez en compte le fait que vous économisez du temps et de l'énergie (notamment concernant le ménage et la lessive) si les personnes restent plus longtemps sur place.
Aux périodes creuses, vous pouvez proposer des formules « étape » incluant la table d'hôte, notamment à l'attention de la clientèle de professionnels en déplacement.

Précision

La précision est essentielle dans les réponses que vous apporterez à vos interlocuteurs ; évitez les approximations : vous devez les renseigner avec exactitude sur la capacité de vos locations, le prix, les périodes disponibles, l'emplacement, l'environnement,

8. Contrairement à celle des meublés d'habitation qui peut être réglementée.

les voies d'accès, les centres d'intérêt aux alentours, etc. Mettez-vous à la place de vos futurs locataires : vous-même, lorsque vous vous recherchez un lieu pour vos vacances, quelles informations essayez-vous de recueillir ? Au besoin, si vous craignez d'oublier des éléments, n'hésitez pas à vous préparer un récapitulatif des informations à connaître, et gardez-le à proximité du téléphone ou sur votre ordinateur pour répondre rapidement et efficacement. Lorsqu'une personne vous pose des questions spécifiques, notez-les et reprenez vos réponses par mail ou dans le courrier de confirmation ; c'est par des attentions de ce type que vous personnaliserez votre accueil.

Sourire et cordialité

Nous ne saurions assez le répéter, votre sourire, votre cordialité sont les premiers signes de vos qualités d'« accueillant ». Dès lors que vous répondez à des clients potentiels, montrez-vous disponible, courtois et patient ; éloignez-vous si vous êtes situé dans une pièce bruyante, etc. Si vous êtes soucieux, énervé ou pressé, cela ne concerne pas vos clients et ne doit pas apparaître dans votre voix. Au besoin, il est tout à fait possible de dire à une personne que vous ne pouvez pas lui parler sur le moment, mais que vous la rappellerez, en lui indiquant dans combien de temps vous allez le faire (et bien sûr en respectant ce délai). De même, soignez la rédaction de vos courriels ; ne vous contentez pas de répondre aux questions, respectez les formules de politesse, etc.

Un planning précisément tenu à jour

Veillez à tenir soigneusement à jour votre planning de réservations. Imaginez la situation très pénible où deux couples se présentent le même jour pour la même chambre d'hôte (alors que, bien sûr, toutes les autres sont occupées...). Vous pouvez poser des options, dans le cas où une personne hésite entre deux locations ou deux périodes de réservation ; cela fait partie d'une bonne relation commerciale. Mais dans ce cas, fixez une date (pas plus de quelques jours) au-delà de laquelle vous considérez sa réservation comme annulée ; vous disposerez ainsi d'une date à partir de laquelle rappeler toute autre personne qui souhaiterait louer durant la même période.
Consultez régulièrement ce planning, qui constitue pour vous un important outil de travail. Vous y indiquerez aussi à quelle date vos futurs locataires doivent vous retourner :

- leur contrat signé ;
- leurs arrhes ;
- le solde si vous le demandez avant le début du séjour.

Cas typique : votre conjoint a pris un appel et a oublié de vous signaler que les hôtes de la chambre jaune resteraient deux nuits de plus. À votre tour, vous recevez un appel pour réserver cette même chambre durant ces deux mêmes nuits et bien entendu, vous la louez, puisque selon le planning, elles sont libres... La plus extrême rigueur est nécessaire pour la gestion de ce document, *a fortiori* en période chargée : toute réservation doit faire l'objet d'une vérification du planning et, une fois prise, doit être immédiatement inscrite.

La réservation

Après un premier échange qui permet à votre interlocuteur de s'assurer que vous correspondez bien à ses recherches, il vous confirme les dates auxquelles il souhaite réserver. La marche à suivre est alors la suivante :
• vous envoyez le contrat signé par vous, en deux exemplaires, en indiquant le montant des arrhes à acquitter ;
• votre locataire vous retourne un exemplaire signé de sa main, avec un chèque de règlement des arrhes. Sa réservation devient alors effective.

Le contrat

Le contrat engage le locataire et le propriétaire. Si vous rejoignez un label, cet organisme vous fournira un contrat type que vous remplirez pour chacun de vos hôtes (les Gîtes de France peuvent assurer ce service contre paiement). Si vous n'adhérez à aucun label, votre comité départemental de tourisme, votre agence immobilière peuvent vous conseiller pour la rédaction ou vous fournir un modèle type ; n'hésitez pas à vous faire aider pour la rédaction de ce document qui vous engage.

Les mentions suivantes, qui sont à adapter suivant que vous louez un gîte ou une chambre d'hôte, doivent apparaître sur le contrat :
• identité du propriétaire : nom, prénom, adresse, numéros de téléphone, adresse courriel voire adresse de votre site Internet ;
• identité du locataire : nom, prénom, adresse, numéros de téléphone, adresse courriel. Nombre d'adultes et nombre d'enfants présents dans la location. Numéro de police d'assurance ;
• coordonnées de la location : numéro d'agrément préfectoral ou d'arrêté municipal, numéro d'adhésion à un label. Nombre d'étoiles, nombre de clés ou d'épis. Adresse complète. Surface habitable. Capacité d'hébergement. Nombre de chambres et de lits (préciser une ou deux personnes) ;

• informations sur la location : date et durée de la location. Montant. Détail des charges facturées en plus : électricité, gaz, fioul, eau, bois, téléphone (pour les gîtes uniquement) ;
• paiement de la location : date d'exigibilité du solde ;
• services annexes (avec le tarif par personne et par jour ou semaine) : location de draps, de linge de toilette ou de table. Ménage effectué par le propriétaire en fin de séjour. Table d'hôte. Location d'équipements sportifs. Animations spécifiques ;
• état des lieux : à quel moment et par qui sera-t-il effectué ;
• taxe de séjour à prévoir ou non. Montant des arrhes exigées pour rendre la réservation effective. Dépôt de garantie exigible à l'entrée dans les lieux (indiquer dans quelles conditions il sera rendu, voir plus bas). Mode de règlement selon ce qui a été convenu entre vous.

État descriptif de la location

Pour les gîtes, vous avez l'obligation de joindre au contrat un état descriptif de la location.
Une grille type vous est généralement fournie par votre label ou le comité départemental de tourisme. Si vous n'adhérez à aucun label, reprenez la liste d'homologation préfectorale (voir page 198) et notez les différents éléments d'équipement et d'ameublement qui y sont mentionnés. Ajoutez-y toutes les informations concernant l'emplacement de votre location, les activités que l'on peut y pratiquer ou pratiquer à proximité. L'état descriptif doit recenser le maximum de caractéristiques du meublé pour permettre au locataire de s'en faire l'idée la plus précise et exacte possible :
• informations générales : classification de la location ; adresse ; situation (en campagne, en montagne au bord de la mer, dans un village, en ville, dans un parc naturel) ; exposition ; type de bâtiment et année de construction ; mitoyenneté ; proximité du logement des propriétaires… ;
• description précise : surface habitable ; capacité d'hébergement ; accès (privé ou partagé) à un jardin, une cour, un parc, une terrasse (indiquer la surface et si les espaces sont clôturés), une place de stationnement. Nombre de pièces, de sanitaires (indiquer les surfaces) ;
• services et loisirs : éventuelles activités que vous proposez sur place ; piscine ou terrain de sport accessibles sur votre propriété ; proximité des commerces, des gares, des services (médecin, hôpitaux…), des centres d'intérêt de votre région (culture, sport, nature, découverte…) ;

• tarifs : location du meublé, charges (indiquer si elles sont comptées en plus ou incluses dans le prix de la location), location de linge ou d'équipements, activités mises en place et assurées par vos soins, etc.

À quoi vous engagent les arrhes ?

Les arrhes sont une avance sur le prix de la location qui engage les deux parties (propriétaire et locataire) sur la location.
Leur montant est égal à 25 % maximum du prix de la location.
Elles sont exigibles au plus tôt six mois avant la date de début de séjour.
Il est possible de réclamer le solde un mois avant le début d'une location saisonnière ; cette disposition protège les propriétaires d'un locataire qui finalement ne viendrait pas.

Que deviennent les arrhes en cas de résiliation de la part du locataire ? L'usage est généralement de conserver tout ou partie des arrhes en fonction du moment auquel l'annulation intervient par rapport à la date de début de séjour. Rapprochez-vous de votre label ou de votre comité départemental du tourisme pour savoir si d'autres pratiques sont en vigueur.
• Avant 90 jours, et en cas de cas de force majeure et totalement indépendante de la volonté du locataire, le propriétaire doit rendre l'intégralité des arrhes.
• Entre 90 et 60 jours, le propriétaire conserve 5 % des arrhes.
• Entre 60 et 30 jours, le propriétaire conserve 50 % des arrhes.
• Moins de 30 jours avant la date du début de séjour, le propriétaire conserve l'intégralité des arrhes.

Attention : si, pour une raison quelconque, la résiliation intervient à votre initiative, avant le début du séjour de votre locataire (et sauf cas de force majeure), vous devez lui rembourser deux fois la valeur des arrhes. Attention donc, encore une fois, à la bonne tenue de votre planning !

L'entrée dans les lieux du locataire d'un gîte rural

En dehors des relations de cordialité que vous allez instaurer avec vos locataires, deux démarches sont à effectuer au moment de leur arrivée sur les lieux, l'état des lieux et le paiement du solde.

▶ N'oubliez pas : à l'arrivée, un rafraîchissement ou une boisson chaude, surtout lorsque la route a été longue, sont très appréciables. Ces petites attentions, de même que des fleurs, une coupe de fruits, quelques friandises locales, aident vos hôtes et locataires à se détendre et montrent que vous avez plaisir à les accueillir.

▶ L'heure, c'est l'heure : les départs se font entre 10 et 11 heures, les arrivées, à partir de 16-17 heures, pour vous permettre de remettre les lieux en état entre deux hôtes ou locataires.

L'état des lieux

Comme dans toute location, un état des lieux contradictoire doit être réalisé par le locataire et le propriétaire. Cet état des lieux sera par la suite repris le jour du départ des locataires. Une fois de plus, une grille est généralement fournie par les labels ou comités de tourisme. L'état des lieux se compose d'une grille indiquant le nombre et l'état :
• de l'équipement des chambres : couvertures, couettes, oreillers, traversins, etc. ;
• de l'équipement de maison ; linge de lit, de table et de toilette ;
• de l'équipement de la cuisine : vaisselle et électroménager ;
• de la décoration ;
• du matériel de ménage ;
• de l'équipement média (hi-fi, télévision, lecteur DVD, connexion Internet...) ;
• du mobilier de jardin.

Indiquez soigneusement le fonctionnement du chauffe-eau, du poêle à bois, de la cheminée, des plaques de cuisson, mais aussi de tout élément dont le fonctionnement n'est pas aisé ou évident : une fenêtre à guillotine, un placard ancien difficile à ouvrir, un joli tableau qui dissimule le compteur électrique...
Enfin, vous pouvez prévoir une mention concernant l'état général de propreté de la location.
En cas d'accord sur cet état des lieux, le locataire le signe. Il peut également y apporter des réserves. Au moment de son départ, vous reprenez cet état des lieux avec le locataire pour vérifier que la location est conforme à ce qu'elle était au moment de son arrivée.
Si, au départ de vos précédents locataires, vous avez constaté des dégradations telles qu'un mur taché, un papier peint déchiré, un store cassé, etc., toute dégradation impossible à réparer en l'espace

d'une journée, mentionnez-les sur l'état des lieux et efforcez-vous de les réparer le plus rapidement possible.
Pour les chambres d'hôte, du fait qu'il n'y a qu'une pièce et des sanitaires à inspecter, l'état des lieux n'est pas obligatoire. Prenez néanmoins le temps de faire découvrir les lieux à vos hôtes ; sa chambre et les sanitaires dont ils disposent, mais également les espaces de votre maison auxquels ils peuvent accéder : salle à manger, salon, bibliothèque, jardin, terrasse, etc. Un petit tour du propriétaire nécessaire aussi pour signaler les espaces qui resteront privés, les lieux dangereux pour les enfants (pièces d'eau extérieures essentiellement), indiquer les horaires et lieux de petit-déjeuner et de dîner.

AFFICHAGE

Vos différents tarifs doivent être affichés à l'intérieur et à l'extérieur de vos locations, de même que votre numéro d'agrément préfectoral pour un gîte, l'arrêté municipal pour votre chambre d'hôte et le certificat de labellisation si vous avez rejoint un label. Tous ces documents doivent être à jour.
Vous devez également afficher les tarifs de votre table d'hôte, ainsi que le certificat de licence concernant les boissons. Vous trouverez auprès de la Direccte de votre région des modèles en matière d'affichage légal.
▶ Contacts sur www.direccte.gouv.f

Le paiement du solde et la caution

Lorsque seules des arrhes ont été versées, le paiement du solde doit intervenir au moment où le locataire prend possession des lieux, juste après la signature de l'état des lieux.
Vous pouvez également exiger une caution, pour vous garantir contre toute dégradation de la location. Le montant maximal de cette caution est de 20 % du prix de la location.
• Si aucune dégradation n'a été commise, vous rendez l'intégralité de la caution au locataire.
• Si vous constatez des dégradations, vous pouvez alors encaisser tout ou partie de la caution pour couvrir les frais de réparation ; vous devez néanmoins faire parvenir au locataire, par lettre recommandée avec accusé de réception, une copie de l'état des lieux pour lui rappeler les éléments abîmés, ainsi qu'une copie des devis ou factures des réparations occasionnées. Dans le contrat de location, pensez à préciser ces différents points et mentionnez également qu'au cas où la somme des réparations serait supérieure à celle de la caution, le locataire s'engagerait à compléter la différence.

HÔTES ÉTRANGERS

Les propriétaires de meublés et de chambres d'hôte, à l'instar des autres exploitants d'hébergements touristiques, doivent faire remplir et signer à leurs hôtes étrangers, dès leur arrivée, une fiche individuelle de police. Cette fiche mentionne les renseignements suivants :

- Nom et adresse de l'établissement ;
- Nom et prénom du client ;
- Date et lieu de naissance ;
- Domicile habituel ;
- Nationalité ;
- Numéro de téléphone mobile ;
- Adresse électronique ;
- Date d'arrivée au sein de l'établissement ;
- Date de départ prévue ;
- Date et signature.

Les enfants de moins de 15 ans peuvent figurer sur la fiche d'un adulte les accompagnant. Ces fiches doivent être conservées pendant une durée de six mois et remises, sur leur demande, aux services de police et unités de gendarmerie. Cette transmission peut s'effectuer sous forme dématérialisée.

Les moyens de paiement

Le plus souvent, les transactions s'effectuent par chèques, mais d'autres types de paiement sont possibles.

Qu'est-ce que le chèque-vacances ?

Le chèque-vacances est un titre prépayé d'un montant unitaire de 10 ou 20 euros, valable toute l'année, dont peuvent bénéficier les salariés, fonctionnaires et retraités. Les porteurs de chèques-vacances les achètent auprès de leurs employeurs ou des collectivités, qui en prennent en charge la moitié. Ces chèques permettent de régler des prestations de tourisme, notamment hébergements, restauration, activités de loisir.

FACTURATION

Dès lors que votre prestation dépasse 25 euros et quel que soit le montant, à partir du moment où le client la réclame, vous devez lui remettre une facture. Vous y ferez apparaître les informations suivantes :
- votre identité et vos coordonnées exactes, ainsi que votre numéro Siret le cas échéant, et votre forme juridique ;
- l'identité et les coordonnées de votre locataire, sauf avis contraire de sa part (notamment pour les professionnels en déplacement qui peuvent vous demander d'indiquer les coordonnées de leur entreprise) ;
- la date et le lieu ;
- le numéro de la facture (pour votre propre comptabilité, numérotez les factures que vous émettez, par exemple sur le modèle année/mois/numéro) ;
- le coût unitaire des nuitées ou des semaines de location ;
- le nombre de nuitées ou de semaines de location ;
- les autres activités et services ;
- éventuellement les remises consenties ;
- la TVA si vous y êtes soumis (10 % pour les locations, 20 % pour les autres prestations) et votre numéro d'identification (TVA intracommunautaire) ;
- le montant total (le cas échéant hors taxes puis TTC).

Cette facture est établie en deux exemplaires, l'original étant remis au client.

Pour accepter des paiements sous forme de chèques-vacances, vous devez être conventionné. Ce conventionnement vous permet notamment de figurer dans le guide des professionnels acceptant les chèques-vacances, ainsi que sur le site Internet, consulté par les sept millions de bénéficiaires de chèques-vacances.

En pratique, lorsque vous recevez des paiements en chèque-vacances, vous les adressez à votre centre de remboursement, accompagnés des bordereaux de remise qui vous sont donnés lors de votre inscription. Vous recevez votre remboursement sous vingt et un jours. Une commission de 1 % est prélevée sur la valeur des chèques-vacances présentés (commission minimale de 2 euros pour les paiements inférieurs à 200 euros).

▶ **Renseignements et inscription auprès de l'Agence nationale pour les chèques-vacances :** 0 825 844 344 (0,15 euro la minute) ou sur www.ancv.com

LA TAXE DE SÉJOUR : ELLE EST PASSÉE PAR ICI...

La taxe de séjour est une taxe que vous collectez auprès de vos locataires pour le compte de l'office de tourisme de votre commune, à qui vous la reversez directement. Elle n'apparaît pas sur la facture, mais peut faire l'objet d'un reçu que vous remettez au locataire. Elle se monte généralement à 1 ou 2 euros par adulte et par nuitée, et peut être acquittée en espèces. Elle sert le plus souvent à financer des opérations de promotion touristique à l'échelle de votre commune : affichage, édition de dépliants, création ou amélioration d'un site Internet, etc.
Les plateformes de location entre particuliers doivent se charger de la collecte de la taxe de séjour.

Le règlement par carte bleue

Pour accepter les paiements par carte bleue, vous devez être équipé d'un terminal que vous louez auprès de votre banque. Contactez donc votre agence bancaire pour connaître les tarifs et conditions de location de cet appareil. Mais attention, son prix est généralement assez élevé ; calculez soigneusement à partir de quel montant il devient intéressant de vous en procurer un. Cela peut être votre cas si vous avez une activité commerciale parallèle à vos locations ou si vous avez mis en place des activités de loisirs.

Embaucher pour se faire aider

Votre activité se développe et vous souhaitez pouvoir vous faire aider pour les tâches concrètes liées à l'accueil de vos hôtes et locataires. Le ménage et l'entretien des espaces extérieurs sont souvent des postes sur lesquels les propriétaires de locations ou de chambres éprouvent rapidement le besoin d'être secondés. Si cela vous permet d'accueillir plus sereinement vos hôtes, de trouver le temps de développer des activités annexes ou tout simplement de mener de front locations et activité professionnelle, pourquoi ne pas embaucher quelqu'un ?

« *Nous faisons appel à une femme de ménage à chaque changement de locataires, ainsi qu'à un jeune homme qui nous aide à entretenir le terrain. Nous les rémunérons en chèque emploi-service.* » (Catherine Lambert, le Maine.)

Selon le label Clévacances, la propreté et l'hygiène sont les premières sources de conflit entre locataire et propriétaire. Si vous craignez de ne pas avoir suffisamment de temps pour remettre votre location en état après chaque départ, n'hésitez pas à vous faire aider.

Pour les particuliers

Désormais bien répandu et largement adopté, le chèque emploi-service universel (Cesu) permet de faire appel pour quelques heures par semaine aux services d'une personne qui vous aidera pour le ménage, le jardinage, le bricolage. Toutes les démarches sont simplifiées, de la déclaration au paiement des charges sociales dues sur la rémunération de la personne.

▶ **Renseignements :** auprès de votre Ursaff et sur www.ursaff.fr

Pour les entreprises

Si vous décidez de l'embauche d'une personne dès la création de votre entreprise, les formalités seront prises en charge par le CFE. En revanche, si cette embauche intervient après le démarrage de l'activité, vous devez effectuer les démarches suivantes.

La déclaration unique d'embauche

La déclaration unique d'embauche concerne tous les employeurs, à l'exception des particuliers qui emploient des salariés à leur service (et qui doivent utiliser les chèques emploi-service), des entrepreneurs occasionnels de spectacles et les employeurs de saisonniers agricoles.
Elle doit être adressée à l'Urssaf (ou à la caisse de mutualité sociale agricole pour les salariés agricoles), qui se charge de transmettre les informations aux diverses administrations concernées, au plus tôt huit jours avant l'embauche par courrier, télécopie (service « déclaration d'embauche ») ou Internet (sur www.due.fr).
La déclaration unique d'embauche permet d'effectuer, en une seule formalité, les démarches obligatoires :
- la déclaration nominative préalable à l'embauche ;
- la demande d'immatriculation de l'employeur à la Sécurité sociale pour la première embauche ;
- la demande d'immatriculation du salarié à la Sécurité sociale ou au régime des salariés agricoles ;
- la demande d'affiliation au régime d'assurance chômage ;
- la demande d'adhésion à un service de médecine du travail ;
- etc.

Vous devez également affilier votre entreprise à un régime de retraite complémentaire dans les trois mois suivant l'embauche. Contactez l'Arrco (Association des régimes de retraite complémentaire. Tél. : 01 71 72 12 00. Internet : www.arrco.fr), qui vous indiquera le régime le plus adapté à votre activité et à vos salariés. Dès la première embauche, informez également l'Inspection du travail par lettre recommandée avec accusé de réception (coordonnées dans l'annuaire, rubrique « Inspection du travail »).

Enfin, l'employeur doit ouvrir et tenir à jour un registre unique du personnel (à conserver pendant cinq ans après le départ des salariés). Il doit y inscrire, lors de l'embauche :

- les nom, prénom, nationalité, date de naissance et sexe de chaque salarié ;
- son emploi, sa qualification, la date de son entrée dans l'établissement ;
- la mention éventuelle d'« apprenti », de « contrat d'insertion professionnelle », de « contrat de professionnalisation », de « contrat à durée déterminée » de « travailleur à temps partiel », de « travailleur temporaire » (avec le nom et l'adresse de l'entreprise de travail temporaire) ou encore de « mise à disposition par un groupement d'employeurs »... ;
- la date de sortie de l'établissement.

Remarque : ce registre peut être remplacé par un support informatique.

Pour en savoir plus :

- service travail info service du ministère du Travail, de l'Emploi et du Dialogue social. Tél. : 0821 347 347 (coût 0,118 euro par minute), du lundi au vendredi de 9 à 18 h.
Internet : http://travail-emploi.gouv.fr :
- site www.service-public.fr, rubrique « Professionnels » ;
- site www.pme.service-public.fr ;
- Direction régionale des entreprises, de la concurrence, de la consommation, du travail et de l'emploi (Direccte) ;
- centres de l'Urssaf ;
- le service net-entreprises regroupe 15 organismes nationaux de protection sociale. Il permet aux entreprises d'effectuer leurs déclarations sociales par Internet et gratuitement. Il est déjà possible d'effectuer en ligne les déclarations obligatoires.
Certaines déclarations proposent également le télérèglement (paiement sécurisé) des cotisations.
Internet : www.net-entreprises.fr

2. Une communication efficace

Votre gîte et vos chambres sont ouverts, vous avez réussi à en faire des lieux particulièrement chaleureux et agréables, vous avez développé un concept original, vous êtes bien situés... reste maintenant à le faire savoir le plus largement possible. En dehors de la promotion et de la visibilité que peuvent vous offrir les catalogues des offices de tourisme ou du label dont vous dépendez, il vous revient de construire localement un réseau de connaissances qui relaiera l'information vous concernant sur le terrain, mais aussi de développer vous-même vos propres outils de communication pour entretenir le contact avec votre clientèle et la fidéliser.

Prendre place dans sa région

Découvrir son environnement

Tisser des liens avec son environnement est une étape tout à fait essentielle : que vous viviez depuis longtemps dans la région ou que vous veniez de vous installer très récemment pour débuter cette activité, vos hôtes attendent de vous une parfaite connaissance du terrain. En dehors des sites les plus connus, ce sera à vous de leur indiquer le meilleur artisan fromager du coin, les adresses de paysans pratiquant la vente directe de leurs produits, les musées et châteaux les plus accessibles aux enfants, la meilleure petite crique où aller nager, etc.

Répondre aux attentes très diversifiées de votre clientèle suppose que vous preniez le temps vous-même de découvrir votre région en profondeur. Bien sûr, vous mettrez à disposition de vos locataires des dépliants touristiques fournis par l'OTSI, mais vous devez être à même d'y apporter vos propres commentaires et de les aider à s'y retrouver. La qualité de votre accueil tient en votre capacité à anticiper les demandes qui vous seront formulées.

Se faire connaître

Tous les repérages que vous serez amené à effectuer pour vos hôtes vous permettront surtout de vous faire connaître localement. Ayez toujours avec vous quelques cartes de visite et apprenez à vous présenter en quelques phrases pour que vos interlocuteurs vous situent facilement, tant géographiquement que sur l'identité de vos hébergements.

Les acteurs du tourisme

Ce sont tous les professionnels dont l'activité est en lien avec la vôtre : la mairie, auprès de qui vous effectuez toutes vos démarches, l'office de tourisme et le comité départemental du tourisme, le bureau départemental de votre label... Pensez à entretenir régulièrement les relations avec toutes ces institutions, à les tenir informées de vos changements, de vos évolutions. Cela leur permettra de mieux vous connaître, ce qui est très important pour votre activité. En pratique, un office de tourisme ne peut pas facilement indiquer de préférence pour un hébergement ou un autre, dans la mesure où tous y sont adhérents. Cependant, s'il est plus à même de décrire votre hébergement qu'un autre, c'est un élément qui jouera davantage en votre faveur. Entretenir des relations régulières avec ces institutions vous permet également d'être au courant des occasions qui peuvent survenir dans votre région et, à l'inverse, de leur faire savoir quels sont vos besoins, de quelle façon vous faire aider, etc.
N'hésitez pas non plus à rencontrer et vous faire connaître des autres propriétaires de gîtes et de chambres d'hôte. Ne les considérez pas seulement comme des concurrents, mais aussi comme des confrères, avec les mêmes préoccupations que vous, les mêmes soucis et centres d'intérêt. Une pratique de bonne intelligence consiste à vous adresser mutuellement des clients lorsque votre planning de réservations est plein ; il faut pour cela que vous puissiez brièvement décrire l'hébergement que vous proposez en solution de rechange, et vice-versa.

« *Pour nous sentir épaulés, accompagnés, nous rencontrons aussi régulièrement d'autres propriétaires : nous nous entraidons en nous envoyant des clients lorsque nous n'avons plus de place. Il n'y a pas actuellement de concurrence entre nous car nous travaillons en bonne entente, les échanges sont toujours fructueux.* » (Paul-André Glorieux, la Rougeanne.)

Centres d'intérêt touristiques, restaurants, producteurs locaux...

Tous les lieux visités par les touristes sont susceptibles de constituer pour vous de bons relais d'information. Et ce d'autant plus que vous devez vous-même les connaître, rappelons-le.

« *Nous prenons soin de toujours tester les restaurants de la région, pour les conseiller ensuite à nos hôtes. De plus, cela nous permet de nous présenter aux restaurateurs, qui, en retour, peuvent aussi indiquer notre adresse à leurs clients en recherche d'un hébergement.* » (Catherine Lambert, le Maine.)

Ne négligez pas non plus les commerces de votre village, essayez d'identifier les lieux où le bouche à oreille fonctionne bien ; dans tel village, tout le monde demande conseil à la propriétaire de la librairie-papeterie-presse, dans tel autre, au boucher, ou à la mercière, au couple de pharmaciens… À vous de sentir les lieux les plus « bourdonnants » de votre environnement !
Au-delà de ce premier cercle, faites la liste des différentes structures qui peuvent également vous intéresser : des associations de randonneurs, de pêcheurs, des entreprises susceptibles d'organiser des séminaires au vert, des autocaristes, des artisans locaux.
Pensez également aux différents partenariats que vous pouvez tisser ; près de chez vous, une asinerie organise des circuits à dos d'âne dans votre région. Pourquoi ne pas leur proposer d'accueillir les voyageurs pour une nuit dans vos chambres d'hôte ? Pouvez-vous construire des séjours à thème pour vos locataires avec visite des artisans locaux ? etc. Voyez large et imaginez tout ce qui peut constituer le prolongement de vos hébergements et vous permettre de surprendre et fidéliser votre clientèle.

Organiser le lancement de son activité

Pris dans le feu de l'action, de nombreux propriétaires négligent d'organiser une petite manifestation pour marquer le démarrage de leur activité. Or, il s'agit d'un moyen aussi sympathique qu'efficace de construire et de consolider son réseau relationnel. N'hésitez pas à inviter toutes les personnes qui, de près ou de loin, vous ont aidé à concrétiser votre projet et toutes celles qui sont susceptibles de pouvoir parler de vous ; maire et membres du conseil municipal, commerçants de votre quartier ou village, propriétaires de chambres d'hôte et de gîtes, adhérents, élus et employés de l'office de tourisme, personnels et directions des centres d'intérêt de votre région, producteurs et artisans locaux, journalistes de la presse locale, etc. Sans y consacrer des sommes trop importantes, vous pouvez organiser une réception simple et chaleureuse qui permette à tous ces interlocuteurs de mieux vous connaître et leur donne envie de parler de vous et de vous recommander.

« C'est très important de se faire rapidement connaître localement, que les gens aient le réflexe de penser à vous, qu'ils sachent que votre maison d'hôte existe. Au démarrage de nos chambres, nous avons organisé une inauguration à laquelle nous avons invité 150 personnes. Un tiers de gens du village, le maire et ses élus, des employés communaux, des habitants, des commerçants ; un tiers d'autorités administratives et politiques du canton, du département, de la préfecture ; et enfin un autre tiers composé de confrères, propriétaires de chambres d'hôte ou de gîtes, et des représentants des structures touristiques, office et comité départemental de tourisme. Cela nous a fait autant de relais pour parler de nous, surtout que, bien qu'ayant été labellisés par les Gîtes de France, nous n'étions pas encore référencés. Des propriétaires de chambres d'hôte nous ont ainsi envoyé des clients quand ils n'avaient plus de place ; les Gîtes de France nous ont en partie rempli notre premier été ; cela nous a bien aidés au départ. L'année suivante, nous avons fêté notre première année d'existence pour remercier tout le monde et continuer de nous faire connaître ; mais cette fois, il y avait 200 personnes ! » (Paul-André Glorieux, la Rougeanne.)

Créer son site Internet, sa page Facebook, son compte Instagram

Il est désormais indispensable de disposer de son propre site Internet pour présenter ses hébergements et assurer sa propre promotion. Nul besoin pour cela d'être soi-même informaticien : faites appel à un développeur ou plus simplement à une personne de votre entourage qui saura vous créer un site. Si vous souhaitez vous lancer vous-même, vous pouvez aussi utiliser les sites qui permettent de se créer des sites ou blogs « clés en main ».

La qualité de vos informations n'est pas proportionnelle à la quantité de texte et de photos que vous mettrez en ligne. Les visiteurs de votre site doivent accéder immédiatement et facilement aux informations suivantes : photos de votre hébergement, prix et avis. Vous pouvez vous contenter de quelques pages très efficaces dès lors que vous restez attentif aux points suivants :

- votre référencement : l'adresse de votre site doit être parlante et vos pages doivent contenir le maximum de mots-clés en rapport avec votre région et le fait que vous proposez des hébergements. Par exemple, pour des chambres d'hôte de charme en Bourgogne, rédigez vos textes en faisant apparaître les termes « chambres d'hôte », « hébergement chez l'habitant », « maison d'hôte », « charme », « art de vivre », « Bourgogne », « Mâconnais », « vins », « vignobles », « Alésia », « dégustation », etc. ;

• les textes : allez faire un tour sur la Toile et vous le constaterez très vite ; de trop nombreux sites noient leurs visiteurs sous des informations sans intérêt et oublient de préciser la surface habitable, la capacité d'hébergement, la situation ou le fait que la maison est mitoyenne. Pour votre texte, vous pouvez prendre appui sur le descriptif que vous joigniez à votre contrat de location afin de n'oublier aucune mention importante. Veillez surtout à ce que vos coordonnées apparaissent rapidement, soient lisibles et exactes ; attention à les mettre à jour, notamment si vous changez de numéro de portable ou d'adresse électronique ;
• les photos : choisissez-les avec soin pour qu'une personne qui ne connaît pas votre propriété puisse s'en faire une idée assez précise. Montrez deux à trois vues d'ensemble des chambres en précisant le nom de chacune d'elles pour que les personnes puissent faire leur choix. Montrez également les espaces communs, le jardin, les alentours. N'abusez pas des détails qui, certes, peuvent montrer le raffinement de votre décoration (une commode ancienne, une jolie causeuse, un luminaire design), mais qui, non situés dans leur environnement, n'apportent pas d'information.
Les vidéos sont souvent un plus, mais, trop lourdes, elles feront fuir l'internaute impatient. Dans ce cas, la solution peut être un lien vers YouTube. Enfin, de façon générale, évitez les effets d'animation qui surchargent la lecture ; la plupart donnent une impression d'amateurisme et sont très vite démodés. Sobriété et simplicité font plus qu'esbroufe ni que flash…

Pensez à créer et animer une page Facebook ou un compte Instagram accessibles depuis votre site. Cela demande du temps mais vous permet de mettre en ligne des photos des événements ayant eu lieu dans votre hébergement. Organisateur d'ateliers cuisine, de stages de Qi Qong, de sessions spam ou guide hors pair des mille et un recoins du Mont Ventoux, témoignez en photo ou vidéos de ces moments privilégiés. Vous créerez ainsi une relation plus événementielle et émotionnelle avec vos clients. Pensez à demander l'autorisation de vos hôtes avant de mettre en ligne leur image.

De la même façon, pensez à Twitter pour relayer des informations sur vos nouvelles activités, de nouveaux aménagements de votre maison ; à Instagram pour envoyer à vos followers de retour dans la grisaille citadine, de jolies vues depuis votre fenêtre afin d'entretenir leur besoin de grand air…

Enfin, consultez aussi régulièrement que possible les avis qui sont postés à propos de votre hébergement sur les sites collaboratifs d'évaluation des hébergements (mais aussi restaurants, bars, etc.), le plus connu étant TripAdvisor. En tant que propriétaire de logement touristique, il vous revient de vous inscrire en créant un compte dans l'espace propriétaire. Car ce site, sur lequel les clients déposent avis et notes sur tous les services touristiques, est devenu incontournable en matière de préparation de voyage pour les touristes. On peut le déplorer (vous n'avez pas tout à fait la main sur ce qui se dit de votre maison), ou l'utiliser au mieux. Considérez qu'il s'agit d'un gigantesque « Livre d'or » et incitez tous vos clients à y déposer leurs avis... dès lors que vous avez le sentiment que ceux-ci seront positifs, bien sûr ! Dans le cas où des avis négatifs seraient déposés, réagissez rapidement ; répondez point par point aux griefs qui vous sont faits, resituez le contexte si celui-ci permet de donner un autre éclairage à la situation décrite par le client mécontent. Si les commentaires pointent réellement une défaillance de votre part, excusez-vous et indiquez quand et comment vous allez y remédier. Restez toujours courtois, pondéré et surtout factuel dans votre façon de vous exprimer.

En cas de commentaire réellement abusif ou injurieux, voire en cas de malveillance de la part d'un concurrent, contactez immédiatement les gestionnaires du site pour qu'ils retirent les avis en question. Enfin, pensez aussi à consulter ce qui se dit de votre hébergement sur Google+ et sur les Pages jaunes.

GARDER LE CONTACT AVEC SES CLIENTS !

Pour chaque client que vous recevez, pensez à constituer une fiche descriptive sur laquelle vous noterez son identité et ses coordonnées, la composition de la famille, la date et la durée de son premier séjour, la chambre ou le gîte que vous lui aviez attribué, tous les renseignements et remarques qui vous permettront de vous souvenir le plus précisément possible de son passage. Dans le cas où il reprendrait contact avec vous, il apprécierait énormément de se sentir reconnu et de nouveau accueilli. C'est ainsi que se tissent de très cordiales relations qui incitent à revenir fréquemment au même endroit.

Garder le contact, c'est aussi penser à envoyer une petite carte de vœux à l'approche des fêtes de fin d'année... qui sont aussi la période où l'on commence à se préoccuper des vacances d'été. Toutes les petites attentions par lesquelles vous pouvez vous rappeler à vos anciens clients sont précieuses, ne les négligez pas.

Votre promotion en ligne

Votre présence sur Internet passe aussi par le référencement sur des annuaires spécialisés tes que likhom.fr, gites.fr, cybevasion.fr, chambresdhotes.org, etc. À vous de vous « promener » en ligne et de voir quels sont ceux qui vous semblent les mieux à même de relayer votre hébergement. Utilisez-les comme le ferait une personne en recherche d'hébergement et voyez si les réponses apportées vous semblent pertinentes, suffisantes, si l'ergonomie et le design du site vous correspondent, etc. De la même façon, pensez à comparer les centrales de réservation que sont Booking, Expedia, Abritel, Homelidays... Contactez-les pour connaître leurs conditions financières (commission sur chaque réservation, adhésion globale, majoration du prix au client, etc.). Soyez vigilant sur les conditions commerciales que vous devrez accepter. Attention notamment aux possibilités d'annulation de dernière minute et sans frais de la part du client qui peuvent s'avérer catastrophiques pour votre chiffre d'affaires si elles surviennent à plusieurs reprises. Tout cela doit être en cohérence avec la politique commerciale que vous souhaitez adopter, l'image que vous donnerez de vous à vos futurs clients, dès lors que ces intermédiaires sont les premiers à la véhiculer.
Vous pouvez tout à fait choisir la prudence en ne leur confiant qu'une seule de vos chambres ou seulement quelques semaines de votre gîte. Peut-être vous passerez-vous en partie de la visibilité qu'elles procurent. Mais c'est aussi le moyen de ne pas devenir trop dépendant vis-à-vis de ces intermédiaires.

Apparaître dans la presse et les guides spécialisés

Une fois bien intégré dans le tissu local et alors que vous construisez peu à peu votre clientèle, pensez aussi à vous faire connaître de la presse et des guides spécialisés, qui vous aideront à renforcer considérablement votre notoriété. Pour les convaincre, constituez-vous un dossier de présentation assez court, dans lequel vous indiquerez l'essentiel vous concernant. Ne cherchez pas à rédiger vous-même un article élogieux de votre maison ou de vos gîtes, contentez-vous d'être suffisamment informatif pour donner aux journalistes l'envie d'y aller voir de plus près. L'objectif est de les attirer chez vous, pas de leur fournir un texte clé en main.
Les collaborateurs des guides touristiques se déplacent souvent incognito, en se présentant comme des clients « normaux ».

Ils jugent ensuite, selon leurs critères éditoriaux, si vous correspondez ou non à leur lectorat. Vous pouvez tout à fait postuler auprès de ces guides et attendre un certain temps avant d'apprendre que vous avez été retenu pour leur prochaine édition. N'hésitez pas à faire le premier pas en vous adressant à eux, de nombreux titres sont disponibles en librairie : *Guide du routard, GéoGuide,* guides verts, rouges et bleus Michelin, guide Rivage, Lonely Planet, Petit Futé, Accueil paysan, etc.
Pour la presse, visez aussi très large ; faites-vous connaître de la presse locale, régionale (presse écrite, radio et télévision). Plus largement, la presse voyage (*Détours en France* par exemple), la presse féminine, d'art de vivre et décoration (*Atmosphères, Idéat, Maison côté Ouest, Sud* et *Est, Maison et décoration, Campagne décoration,* voir tous les titres que nous avons cités en partie II) sont susceptibles de vous concerner, de même que les publications spécialisées sur les activités que vous pratiquez (*Voiles Magazine, Randonnées Magazine…*), ainsi que les très nombreux titres consacrés à la cuisine ou à l'œnologie. Pensez enfin à la presse économique (*Challenges, Défis, L'Entreprise…*), qui présente régulièrement des portraits de personnes ayant changé d'activité ou menant deux activités de front, et qui est lue par des chefs d'entreprise qui peuvent avoir le besoin d'organiser un séminaire au vert…

Rejoindre un réseau

Dans toute activité professionnelle, il est important de se sentir soutenu et de pouvoir échanger au sujet de son quotidien avec des interlocuteurs partageant les mêmes questionnements. Les réseaux en ligne ou physiques constitués par les labels, les acteurs locaux du tourisme, de la création d'entreprise ont cette fonction et permettent de rompre l'isolement. Nous vous présentons également ci-dessous un réseau social numérique d'hébergeurs et de professionnels du tourisme.

LesCoGîteurs

Réseau social collaboratif de propriétaires d'hébergements et de professionnels du tourisme, LesCoGîteurs offre un lieu d'information et d'échanges en ligne. Il compte actuellement 36 000 hébergeurs abonnés.
Entretien avec sa créatrice, Julie Stagnetto, propriétaire de deux gîtes en moyenne montagne, la Cab'âne en Bois et la Cab'âne

en Pierre, en plus de son activité de responsable de communication et de gestion de projets web & print.

Quand, comment et avec qui avez-vous créé le réseau LesCoGîteurs ?

Tout a commencé en 2012 avec un forum sur lequel nous nous retrouvions entre hébergeurs pour échanger. Le réseau tel qu'on le connaît aujourd'hui avec ses contenus informatifs, ses offres promotionnelles et ses outils est né un an plus tard en 2013. Nous fonctionnons sur un mode social et collaboratif, notre réseau est ouvert à tous les propriétaires de structures touristiques et plus largement à tous les professionnels du tourisme. Toutes les idées et initiatives sont les bienvenues.

À partir de quels constats ? À quels besoins souhaitiez-vous répondre ?

Tout s'est fait naturellement, nous avons évolué et avons adapté l'outil qu'est devenu le réseau LesCoGîteurs à nos besoins d'hébergeurs. Nous répondons aujourd'hui aux problématiques liées à notre activité : des informations dédiées, du conseil, des échanges, des outils, des offres promotionnelles chez les fournisseurs. Notre réseau est « agile » : il se nourrit de nos échanges, évolue en même temps que notre activité d'hébergeurs et à l'heure d'internet tout va très vite.

Aujourd'hui, combien de personnes composent l'équipe LesCoGîteurs ?

Je m'occupe de l'organisation du réseau et travaille en collaboration avec des professionnels du tourisme pour la mise en place de partenariats et le développement de services spécialement adaptés aux hébergeurs.

Une équipe éditoriale d'une dizaine de personnes rédige des articles très spécifiques dans notre magazine d'informations, chacune dans son domaine de compétences : fiscalité, réglementation, marketing, déco, veille touristique, référencement, etc.

Pour un hébergeur, quel est l'intérêt de rejoindre LesCogîteurs ?

Les services proposés sont nombreux et dédiés aux propriétaires d'hébergements touristiques :

• des contenus informatifs à forte valeur ajoutée : réglementation, fiscalité, marketing, référencement…

• des offres promotionnelles chez un grand nombre de fournisseurs : annuaires pour nos annonces, linge, literie, systèmes de paiement, logiciels de gestion, solutions internet…
• des outils : forum, veille touristique, portail des membres, outil d'auto-évaluation…
• un réseau : échanges entre propriétaires, colloques, rencontres…
• du conseil : guides, livres, formations, service d'appels téléphoniques à un expert en réglementation et fiscalité…

Les besoins de vos adhérents sont-ils toujours les mêmes depuis le démarrage du réseau ?
Nos besoins en tant que propriétaires ou gérants d'hébergements touristiques évoluent constamment : nouveaux canaux de communication, nouvelles habitudes des vacanciers, nouveaux acteurs touristiques, nouvelle réglementation… Le réseau LesCoGîteurs accompagne les hébergeurs dans toutes ces mutations du secteur touristique.

Quelle évolution de vos adhérents notez-vous ?
Sans doute, une tendance à la professionnalisation des propriétaires d'hébergements touristiques, mais cela ne semble pas spécifique à nos adhérents.

Rencontrez-vous physiquement vos adhérents ?
Aujourd'hui, Internet nous permet d'échanger *via* des outils que nous avons mis en place ; nous rencontrer physiquement lors de rendez-vous hébergeurs fait partie de nos projets.

Est-ce que l'arrivée de Airbnb a changé quelque chose pour vos adhérents ?
Airbnb accroît la concurrence par la facilité à devenir loueur en passant par leur service : un texte, quelques photos et vous voilà prêt à rédiger votre annonce de loueur. On en oublierait presque qu'il y a une réglementation et une fiscalité... Chacun aura sa vision des choses, personnellement je suis d'avis que si Airbnb fonctionne c'est parce qu'il répond à une demande. Il s'agit maintenant d'articuler les différents acteurs de ce marché.

▶ **Pour en savoir plus :** Le forum est accessible librement à tous les propriétaires d'un hébergement touristique. Le magazine professionnel, les outils et les offres promotionnelles sont réservés aux adhérents. lescogiteurs.fr

CHECK-LIST

UNE BONNE ORGANISATION AU JOUR LE JOUR

Pour fonctionner et gérer votre temps efficacement, êtes-vous paré sur les différents points suivants ? Nous vous proposons ici un modèle de liste de choses à vérifier chaque soir par exemple, mais bien entendu, à vous de l'adapter en fonction de votre situation et de vos locations.

À vérifier chaque jour

- ✓ Vous possédez un argumentaire qui vous permet de répondre rapidement et précisément aux personnes qui vous contactent.
- ✓ Votre planning de réservations est à jour ; vous y avez mentionné les réservations, les modifications, les annulations, les dates de versement d'arrhes, de retour de contrat, etc. Au besoin, n'hésitez pas à faire le point avec votre conjoint pour être tous deux bien au fait des états de réservations.
- ✓ Vous possédez une fiche sur chacun de vos clients pour vous permettre d'éditer rapidement sa facture.
- ✓ Chaque matin, vous savez parfaitement quels sont les départs et arrivées prévus pour la journée.
- ✓ Chambres d'hôte : vous avez tout le nécessaire pour les petits-déjeuners du matin, le linge de lit et de toilette pour vos prochains hôtes est prêt, vous avez décidé de vos menus pour la semaine à venir et vous savez comment vous organiser pour les approvisionnements et la préparation des repas.
- ✓ Gîtes ruraux : vous connaissez les horaires de départ et d'arrivée de vos hôtes ; les éléments que vous devez préparer pour les arrivants (location de linge, mise en place d'activités…) ; vous avez en votre possession l'inventaire signé de l'état des lieux.
- ✓ Pour les deux types d'hébergements, vous savez de combien de temps vous avez besoin pour remettre les lieux en état, que vous soyez seul à le faire où que vous vous fassiez aider.
- ✓ Vous avez de quoi accueillir vos arrivants par des petites attentions : rafraîchissements, fleurs, etc.

Estimer son temps

En plus de toutes ces tâches quotidiennes, soyez conscient du temps dont vous avez besoin pour :

• votre gestion ;
• l'entretien de vos hébergements et de votre terrain ;
• l'entretien et la réparation du mobilier, des équipements ;
• les relations avec les acteurs du tourisme (syndicats d'initiative, représentants du label, associations diverses…) ;
• la recherche d'information et de documentation sur les centres d'intérêt de votre région, les différents lieux touristiques à connaître, les nouveaux commerces, les services, etc. ;
• la mise à jour de votre site Internet et le contact avec vos clients.

Avant le démarrage de votre activité, vous pouvez vous constituer une grille sur laquelle vous indiquerez le temps nécessaire à chaque poste, puis, lorsque vous débuterez réellement, vous pourrez la modifier. Cette grille vous aidera à mieux vous repérer et vous organiser au quotidien.

Bonne chance à tous !

ANNEXES

Pour en savoir plus

Institutions du tourisme

- **Direction générale des entreprises :** www.entreprises.gouv.fr/tourisme
- **Atout France :** www.atout-france.fr
- **Fédération nationale des offices de tourisme et des syndicats d'initiative :** www.offices-de-tourisme-de-france.org
- **Tourisme et handicap :** www.tourisme-handicaps.org

Création d'entreprise

- **Agence France Entrepreneurs (AFE) :** www.afecreation.fr

Réseau et création d'hébergements

Le réseau des Cogiteurs regroupe 36 000 hébergeurs touristiques. Vous trouverez sur leur site un forum de discussion, de nombreux articles consacrés au secteur du tourisme en général et au quotidien des propriétaires de gîtes et chambres d'hôte en particulier.
http://www.lescogiteurs.fr

- Le magazine de presse écrite *Accueillir*, spécialisé dans la création de gîtes et de chambres d'hôtes : http://www.accueillir-magazine.com

Marques et labels

- **Fédération nationale des Gîtes de France :** www.gites-de-france.fr
- **Clévacances :** www.clevacances.com
- **Accueil paysan :** www.accueil-paysan.com
- **Bienvenue à la ferme :** www.bienvenue-a-la-ferme.com
- **Fleurs de soleil :** www.fleursdesoleil.fr
- **Bed & Breakfast France :** www.bedbreak.com
- **Eurogites regroupe des associations européennes de tourisme rural :** www.eurogites.org

Sites spécifiques à l'espace rural

Créé en 1993, le magazine *Village* est devenu une référence en matière d'innovations en milieu rural. Vous trouverez, dans la version papier trimestrielle ou sur le site www.villagemagazine.fr de nombreux dossiers, reportages, informations consacrés à l'installation à la campagne, en particulier des annonces de territoires en recherche de nouveaux habitants, une cartographie et des dispositifs d'accompagnement à destination des porteurs de projets. Des focus sont régulièrement réalisés sur la création de gîtes et de chambres d'hôtes.

L'association de maires ruraux Notre village (http://www.notre-village.asso.fr) propose également des liens vers les dispositifs d'aide à l'installation en milieu rural et des annonces émises par les communes en recherche de nouveaux arrivants :
• l'association Trame, centre de ressources et de développement au service du monde agricole : www.pardessuslahaie.net

Événements

Différents salons spécialisés sur le tourisme ont lieu chaque année à Paris et en province. Rapprochez-vous des institutions du tourisme de votre région pour en avoir connaissance : salon des vacances en France, salon des loisirs de plein air, salon de la randonnée, etc.

Décret n° 2007-1173 du 3 août 2007 relatif aux chambres d'hôte et modifiant le code du tourisme

Le Premier ministre,
Sur le rapport de la ministre de l'Economie, des Finances et de l'Emploi,
Vu le code du tourisme, notamment ses articles L. 324-3, L. 324-4 et L. 324-5, décrète :

Article 1

La section 2 du chapitre IV du titre II du livre III de la partie réglementaire du code du tourisme est ainsi rédigée :

« Section 2, Chambres d'hôte
« Art. D. 324-13. - L'activité de location de chambres d'hôte mentionnée à l'article L. 324-3 est la fourniture groupée de la nuitée et du petit-déjeuner. Elle est limitée à un nombre maximal de cinq chambres pour une capacité maximale d'accueil de quinze personnes. L'accueil est assuré par l'habitant.
« Art. D. 324-14. - Chaque chambre d'hôte donne accès à une salle d'eau et à un WC. Elle est en conformité avec les réglementations en vigueur dans les domaines de l'hygiène, de la sécurité et de la salubrité.
« La location est assortie, au minimum, de la fourniture du linge de maison.
« Art. D. 324-15. - La déclaration de location d'une ou plusieurs chambres d'hôte prévue à l'article L. 324-4 est adressée au maire de la commune du lieu de l'habitation concernée par voie électronique, lettre recommandée ou dépôt en mairie et doit faire l'objet d'un accusé de réception.
« La déclaration précise l'identité du déclarant, l'identification du domicile de l'habitant, le nombre de chambres mises en location, le nombre maximal de personnes susceptibles d'être accueillies et la ou les périodes prévisionnelles de location.
« Tout changement concernant les éléments d'information que comporte la déclaration fait l'objet d'une nouvelle déclaration en mairie.
« Le maire communique une fois par an au préfet de région, au président du conseil régional et au président du conseil départemental les données statistiques relatives aux déclarations de chambres d'hôte.
« La liste des chambres d'hôte est consultable en mairie. »

Déclaration en mairie de location de chambre d'hôte

cerfa

N° 13566*02

DECLARATION EN MAIRIE DE LOCATION DE CHAMBRE D'HÔTE

La loi vous oblige à remplir ce formulaire et à l'adresser au maire de la commune de l'habitation concernée
en application des articles L. 324-4 et D. 324-15 du code du tourisme (1)

A - IDENTIFICATION DU DECLARANT

VOTRE NOM : VOTRE PRENOM :

VOTRE ADRESSE:

CODE POSTAL : COMMUNE:

VOTRE N° TELEPHONE (facultatif) :

Votre adresse postale si elle est différente de celle des chambres en location :

CODE POSTAL : COMMUNE:

VOTRE N° TELEPHONE (facultatif) :

B - IDENTIFICATION DES CHAMBRES D'HOTES (2)

MAISON INDIVIDUELLE APPARTEMENT étage

NOMBRE DE CHAMBRES MISES EN LOCATION (maximum 5) :

NOMBRE MAXIMAL DE PERSONNES SUSCEPTIBLES D'ÊTRE ACCUEILLIES (maximum 15) :

C - PERIODES PREVISIONNELLES DE LOCATION

TOUTE L'ANNEE :

SI NON, PRECISER LES PERIODES :

LE SOUSSIGNE DECLARE QUE L'HABITATION EST EN CONFORMITE AVEC LES DISPOSITIONS DES ARTICLES D.324-13 à D. 324-15 DU CODE DU TOURISME.

FAIT A LE

SIGNATURE

* Tout changement concernant les informations fournies ci-dessus devra faire l'objet d'une nouvelle déclaration en mairie (cf. art. D.324-15 du code du tourisme)

(1) Déclaration à effectuer préalablement à l'exercice de l'activité conformément aux dispositions de l'article L. 324-4 du code du tourisme.

(2) Les chambres d'hôtes doivent être conformes aux dispositions des articles D. 324-13 et D. 324-14 du code du tourisme : accueil par l'habitant, fourniture groupée de la nuitée et du petit déjeuner, fourniture du linge de maison, accès à une salle d'eau et à un WC.

La loi n°78-17 du 6 janvier 1978 relative à l'informatique, aux fichiers et aux libertés s'applique aux réponses faites à ce formulaire. Elle garantit un droit d'accès et de rectification pour ces données auprès du secrétariat de la mairie du lieu où la déclaration a été effectuée. Les données **recueillies sont susceptibles de faire l'objet d'un traitement pour le compte de la commune du lieu de déclaration aux fins d'établir une liste des** chambres d'hôtes pour l'information du public, des organismes locaux de tourisme et des autorités visées à l'article 1er du décret n°2007-1173 du 3 août 2007. Ces données pourront également être utilisées à des fins statistiques.

Déclaration en mairie de location des meublés de tourisme

cerfa

N° 14004*01

DECLARATION EN MAIRIE DES MEUBLES DE TOURISME

La loi vous oblige à remplir ce formulaire et à l'adresser au maire de la commune de l'habitation concernée
en application des articles L. 324-1-1 et D. 324-1-1 du code du tourisme (1)

A - IDENTIFICATION DU DECLARANT

VOTRE NOM : VOTRE PRENOM :

VOTRE ADRESSE :

CODE POSTAL : COMMUNE :

VOTRE N° TELEPHONE (facultatif) :

Adresse du meublé de tourisme :

CODE POSTAL : COMMUNE :

B - IDENTIFICATION DU MEUBLE DE TOURISME

NOMBRE DE PIECES COMPOSANT LE MEUBLE :

NOMBRE MAXIMAL DE LITS (soit nombre de personnes susceptibles d'être accueillies dans le meublé) :

Facultatif : MAISON INDIVIDUELLE ☐ APPARTEMENT ☐ étage

C - PERIODES PREVISIONNELLES DE LOCATION

TOUTE L'ANNEE :

SI NON, PRECISER LES PERIODES :

LE SOUSSIGNE DECLARE QUE L'HABITATION EST EN CONFORMITE AVEC LES DISPOSITIONS DES ARTICLES D. 324-1 ET SUIVANTS DU CODE DU TOURISME.

FAIT A LE

SIGNATURE

* Tout changement concernant les informations fournies ci-dessus devra faire l'objet d'une nouvelle déclaration en mairie.

(1) Déclaration à effectuer préalablement à l'exercice de l'activité ou au plus tard le 30 juin 2010 s'agissant d'un loueur exerçant cette activité au 27 décembre 2009 (décret n°2009-1652 du 23 décembre 2009 publié au Journal officiel du 27 décembre 2009).

La loi n°78-17 du 6 janvier 1978 modifiéé relative à l'informatique, aux fichiers et aux libertés s'applique aux réponses faites à ce formulaire. Elle garantit un droit d'accès et de rectification pour ces données auprès du secrétariat de la mairie du lieu où la déclaration a été effectuée. Les données recueillies sont susceptibles de faire l'objet d'un traitement pour le compte de la commune du lieu de déclaration aux fins d'établir une liste des meublés de tourisme pour l'information du public conformément aux dispositions de l'article D. 324-1-1 du code du tourisme.

Tableau de classement des meublés de tourisme (toutes catégories)

(Source : arrêté du 17 août 2010 fixant les normes et la procédure de classement des meublés de tourisme)
À consulter sur : wwwclassement.atout-france.fr

Légende :
X = critère obligatoire - O = critère optionnel - NA = critère non applicable

	CRITERES DE CLASSEMENT (le cas échéant des précisions sont apportées par critère dans la colonne de droite du tableau)	Statut du critère	Points	1*	2*	3*	4*	5*	Précisions
	Chapitre 1 : Equipements et aménagements								
	1.1. Aménagement général								
	Surfaces de l'habitation								
	Surface minimum d'un logement d'une pièce d'habitation pour une personne			$12m^2$	$14m^2$	$16m^2$	$18m^2$	$24m^2$	
	Surface minimum d'un logement d'une pièce d'habitation pour 2 personnes			$12m^2$	$14m^2$	$18m^2$	$20m^2$	$26m^2$	Tolérance de 10% (uniquement pour les catégories 3*, 4* et 5*)
	Surface moyenne minimum chambre(s) supplémentaire(s)			$7m^2$	$8m^2$	$9m^2$	$10m^2$	$12m^2$	Ne sont comptées comme pièces d'habitation supplémentaires que les pièces d'au moins 7 mètres carrés (uniquement pour les catégories 1*, 2* et 3*). La somme des surfaces des pièces d'habitation respecte la somme des surfaces exigées par catégorie.
	Surface minimum par personne supplémentaire (au-delà des deux premières personnes) par pièce d'habitation			$3m^2$	$3m^2$	$3m^2$	$3m^2$	$3m^2$	Pour les catégories 1*, 2*, 3* et 4* : maximum 2 personnes supplémentaires par pièce d'habitation. Pour la catégorie 5* : maximum 1 personne supplémentaire par pièce d'habitation.
1	Surface habitable (cuisine et coin cuisine compris) du logement meublé hors salle d'eau et toilettes	X	5	X	X	X	X	X	Ne sont prises en compte que les superficies existantes sous une hauteur de plafond de 1,80 mètre. Une pièce d'habitation doit comporter un ouvrant sur l'extérieur.
2	Surface habitable (cuisine et coin cuisine compris) par logement meublé hors salle d'eau et toilettes, majorée de 25%	O	4	O	O	O	O	O	Ne sont prises en compte que les superficies existantes sous une hauteur de plafond de 1,80 mètre. Une pièce d'habitation doit comporter un ouvrant sur l'extérieur. Les points se cumulent avec ceux du critère précédent.
3	Surface habitable (cuisine et coin cuisine compris) par logement meublé hors salle d'eau et toilettes, majorée de 50%	O	4	O	O	O	O	O	Ne sont prises en compte que les superficies existantes sous une hauteur de plafond de 1,80 mètre. Une pièce d'habitation doit comporter un ouvrant sur l'extérieur. Les points se cumulent avec ceux des deux critères précédents.

Légende :
X = critère obligatoire - O = critère optionnel - NA = critère non applicable

	CRITERES DE CLASSEMENT (le cas échéant des précisions sont apportées par critère dans la colonne de droite du tableau)	Statut du critère	Points	1*	2*	3*	4*	5*	Précisions
	Chapitre 1 : Equipements et aménagements								
	1.1. Aménagement général								
	Surfaces de l'habitation								
	Surface minimum d'un logement d'une pièce d'habitation pour une personne			12m²	14m²	16m²	18m²	24m²	
	Surface minimum d'un logement d'une pièce d'habitation pour 2 personnes			12m²	14m²	18m²	20m²	26m²	Tolérance de 10% (uniquement pour les catégories 3*, 4* et 5*)
	Surface moyenne minimum chambre(s) supplémentaire(s)			7m²	8m²	9m²	10m²	12m²	Ne sont comptées comme pièces d'habitation supplémentaires que les pièces d'au moins 7 mètres carrés (uniquement pour les catégories 1*, 2* et 3*). La somme des surfaces des pièces d'habitation respecte la somme des surfaces exigées par catégorie.
	Surface minimum par personne supplémentaire (au-delà des deux premières personnes) par pièce d'habitation			3m²	3m²	3m²	3m²	3m²	Pour les catégories 1*, 2*, 3* et 4* : maximum 2 personnes supplémentaires par pièce d'habitation. Pour la catégorie 5* : maximum 1 personne supplémentaire par pièce d'habitation.
1	Surface habitable (cuisine et coin cuisine compris) du logement meublé hors salle d'eau et toilettes	X	5	X	X	X	X	X	Ne sont prises en compte que les superficies existantes sous une hauteur de plafond de 1,80 mètre. Une pièce d'habitation doit comporter un ouvrant sur l'extérieur.
2	Surface habitable (cuisine et coin cuisine compris) par logement meublé hors salle d'eau et toilettes, majorée de 25%	O	4	O	O	O	O	O	Ne sont prises en compte que les superficies existantes sous une hauteur de plafond de 1,80 mètre. Une pièce d'habitation doit comporter un ouvrant sur l'extérieur. Les points se cumulent avec ceux du critère précédent.
3	Surface habitable (cuisine et coin cuisine compris) par logement meublé hors salle d'eau et toilettes, majorée de 50%	O	4	O	O	O	O	O	Ne sont prises en compte que les superficies existantes sous une hauteur de plafond de 1,80 mètre. Une pièce d'habitation doit comporter un ouvrant sur l'extérieur. Les points se cumulent avec ceux des deux critères précédents.

Légende :
X = critère obligatoire - O = critère optionnel - NA = critère non applicable

	CRITERES DE CLASSEMENT (le cas échéant des précisions sont apportées par critère dans la colonne de droite du tableau)	Statut du critère	Points	1*	2*	3*	4*	5*	Précisions
	Chapitre 1 : Equipements et aménagements								
	1.1. Aménagement général								
	Surfaces de l'habitation								
	Surface minimum d'un logement d'une pièce d'habitation pour une personne			$12m^2$	$14m^2$	$16m^2$	$18m^2$	$24m^2$	
	Surface minimum d'un logement d'une pièce d'habitation pour 2 personnes			$12m^2$	$14m^2$	$18m^2$	$20m^2$	$26m^2$	Tolérance de 10% (uniquement pour les catégories 3*, 4* et 5*)
	Surface moyenne minimum chambre(s) supplémentaire(s)			$7m^2$	$8m^2$	$9m^2$	$10m^2$	$12m^2$	Ne sont comptées comme pièces d'habitation supplémentaires que les pièces d'au moins 7 mètres carrés (uniquement pour les catégories 1*, 2* et 3*). La somme des surfaces des pièces d'habitation respecte la somme des surfaces exigées par catégorie.
	Surface minimum par personne supplémentaire (au-delà des deux premières personnes) par pièce d'habitation			$3m^2$	$3m^2$	$3m^2$	$3m^2$	$3m^2$	Pour les catégories 1*, 2*, 3* et 4* : maximum 2 personnes supplémentaires par pièce d'habitation. Pour la catégorie 5* : maximum 1 personne supplémentaire par pièce d'habitation.
1	Surface habitable (cuisine et coin cuisine compris) du logement meublé hors salle d'eau et toilettes	X	5	X	X	X	X	X	Ne sont prises en compte que les superficies existantes sous une hauteur de plafond de 1,80 mètre. Une pièce d'habitation doit comporter un ouvrant sur l'extérieur.
2	Surface habitable (cuisine et coin cuisine compris) par logement meublé hors salle d'eau et toilettes, majorée de 25%	O	4	O	O	O	O	O	Ne sont prises en compte que les superficies existantes sous une hauteur de plafond de 1,80 mètre. Une pièce d'habitation doit comporter un ouvrant sur l'extérieur. Les points se cumulent avec ceux du critère précédent.
3	Surface habitable (cuisine et coin cuisine compris) par logement meublé hors salle d'eau et toilettes, majorée de 50%	O	4	O	O	O	O	O	Ne sont prises en compte que les superficies existantes sous une hauteur de plafond de 1,80 mètre. Une pièce d'habitation doit comporter un ouvrant sur l'extérieur. Les points se cumulent avec ceux des deux critères précédents.

Légende :
X = critère obligatoire - O = critère optionnel - NA = critère non applicable

	CRITERES DE CLASSEMENT (le cas échéant des précisions sont apportées par critère dans la colonne de droite du tableau)	Statut du critère	Points	1*	2*	3*	4*	5*	Précisions
	Chapitre 1 : Equipements et aménagements								
	1.1. Aménagement général								
	Surfaces de l'habitation								
	Surface minimum d'un logement d'une pièce d'habitation pour une personne			12m²	14m²	16m²	18m²	24m²	
	Surface minimum d'un logement d'une pièce d'habitation pour 2 personnes			12m²	14m²	18m²	20m²	26m²	Tolérance de 10% (uniquement pour les catégories 3*, 4* et 5*)
	Surface moyenne minimum chambre(s) supplémentaire(s)			7m²	8m²	9m²	10m²	12m²	Ne sont comptées comme pièces d'habitation supplémentaires que les pièces d'au moins 7 mètres carrés (uniquement pour les catégories 1*, 2* et 3*). La somme des surfaces des pièces d'habitation respecte la somme des surfaces exigées par catégorie.
	Surface minimum par personne supplémentaire (au-delà des deux premières personnes) par pièce d'habitation			3m²	3m²	3m²	3m²	3m²	Pour les catégories 1*, 2*, 3* et 4* : maximum 2 personnes supplémentaires par pièce d'habitation. Pour la catégorie 5* : maximum 1 personne supplémentaire par pièce d'habitation.
1	Surface habitable (cuisine et coin cuisine compris) du logement meublé hors salle d'eau et toilettes	X	5	X	X	X	X	X	Ne sont prises en compte que les superficies existantes sous une hauteur de plafond de 1,80 mètre. Une pièce d'habitation doit comporter un ouvrant sur l'extérieur.
2	Surface habitable (cuisine et coin cuisine compris) par logement meublé hors salle d'eau et toilettes, majorée de 25%	O	4	O	O	O	O	O	Ne sont prises en compte que les superficies existantes sous une hauteur de plafond de 1,80 mètre. Une pièce d'habitation doit comporter un ouvrant sur l'extérieur. Les points se cumulent avec ceux du critère précédent.
3	Surface habitable (cuisine et coin cuisine compris) par logement meublé hors salle d'eau et toilettes, majorée de 50%	O	4	O	O	O	O	O	Ne sont prises en compte que les superficies existantes sous une hauteur de plafond de 1,80 mètre. Une pièce d'habitation doit comporter un ouvrant sur l'extérieur. Les points se cumulent avec ceux des deux critères précédents.

Légende :
X = critère obligatoire - O = critère optionnel - NA = critère non applicable

	CRITERES DE CLASSEMENT (le cas échéant des précisions sont apportées par critère dans la colonne de droite du tableau)	Statut du critère	Points	1*	2*	3*	4*	5*	Précisions
	Chapitre 1 : Equipements et aménagements								
	1.1. Aménagement général								
	Surfaces de l'habitation								
	Surface minimum d'un logement d'une pièce d'habitation pour une personne			12m²	14m²	16m²	18m²	24m²	
	Surface minimum d'un logement d'une pièce d'habitation pour 2 personnes			12m²	14m²	18m²	20m²	26m²	Tolérance de 10% (uniquement pour les catégories 3*, 4* et 5*)
	Surface moyenne minimum chambre(s) supplémentaire(s)			7m²	8m²	9m²	10m²	12m²	Ne sont comptées comme pièces d'habitation supplémentaires que les pièces d'au moins 7 mètres carrés (uniquement pour les catégories 1*, 2* et 3*). La somme des surfaces des pièces d'habitation respecte la somme des surfaces exigées par catégorie.
	Surface minimum par personne supplémentaire (au-delà des deux premières personnes) par pièce d'habitation			3m²	3m²	3m²	3m²	3m²	Pour les catégories 1*, 2*, 3* et 4* : maximum 2 personnes supplémentaires par pièce d'habitation. Pour la catégorie 5* : maximum 1 personne supplémentaire par pièce d'habitation.
1	Surface habitable (cuisine et coin cuisine compris) du logement meublé hors salle d'eau et toilettes	X	5	X	X	X	X	X	Ne sont prises en compte que les superficies existantes sous une hauteur de plafond de 1,80 mètre. Une pièce d'habitation doit comporter un ouvrant sur l'extérieur.
2	Surface habitable (cuisine et coin cuisine compris) par logement meublé hors salle d'eau et toilettes, majorée de 25%	O	4	O	O	O	O	O	Ne sont prises en compte que les superficies existantes sous une hauteur de plafond de 1,80 mètre. Une pièce d'habitation doit comporter un ouvrant sur l'extérieur. Les points se cumulent avec ceux du critère précédent.
3	Surface habitable (cuisine et coin cuisine compris) par logement meublé hors salle d'eau et toilettes, majorée de 50%	O	4	O	O	O	O	O	Ne sont prises en compte que les superficies existantes sous une hauteur de plafond de 1,80 mètre. Une pièce d'habitation doit comporter un ouvrant sur l'extérieur. Les points se cumulent avec ceux des deux critères précédents.

Légende :
X = critère obligatoire - O = critère optionnel - NA = critère non applicable

	CRITERES DE CLASSEMENT (le cas échéant des précisions sont apportées par critère dans la colonne de droite du tableau)	Statut du critère	Points	1*	2*	3*	4*	5*	Précisions
	Chapitre 1 : Equipements et aménagements								
	1.1. Aménagement général								
	Surfaces de l'habitation								
	Surface minimum d'un logement d'une pièce d'habitation pour une personne			$12m^2$	$14m^2$	$16m^2$	$18m^2$	$24m^2$	
	Surface minimum d'un logement d'une pièce d'habitation pour 2 personnes			$12m^2$	$14m^2$	$18m^2$	$20m^2$	$26m^2$	Tolérance de 10% (uniquement pour les catégories 3*, 4* et 5*)
	Surface moyenne minimum chambre(s) supplémentaire(s)			$7m^2$	$8m^2$	$9m^2$	$10m^2$	$12m^2$	Ne sont comptées comme pièces d'habitation supplémentaires que les pieces d'au moins 7 mètres carrés (uniquement pour les catégories 1*, 2* et 3*). La somme des surfaces des pièces d'habitation respecte la somme des surfaces exigées par catégorie.
	Surface minimum par personne supplémentaire (au-delà des deux premières personnes) par pièce d'habitation			$3m^2$	$3m^2$	$3m^2$	$3m^2$	$3m^2$	Pour les catégories 1*, 2*, 3* et 4* : maximum 2 personnes supplémentaires par pièce d'habitation. Pour la catégorie 5* : maximum 1 personne supplémentaire par pièce d'habitation.
1	Surface habitable (cuisine et coin cuisine compris) du logement meublé hors salle d'eau et toilettes	X	5	X	X	X	X	X	Ne sont prises en compte que les superficies existantes sous une hauteur de plafond de 1,80 mètre. Une pièce d'habitation doit comporter un ouvrant sur l'extérieur.
2	Surface habitable (cuisine et coin cuisine compris) par logement meublé hors salle d'eau et toilettes, majorée de 25%	O	4	O	O	O	O	O	Ne sont prises en compte que les superficies existantes sous une hauteur de plafond de 1,80 mètre. Une pièce d'habitation doit comporter un ouvrant sur l'extérieur. Les points se cumulent avec ceux du critère précédent.
3	Surface habitable (cuisine et coin cuisine compris) par logement meublé hors salle d'eau et toilettes, majorée de 50%	O	4	O	O	O	O	O	Ne sont prises en compte que les superficies existantes sous une hauteur de plafond de 1,80 mètre. Une pièce d'habitation doit comporter un ouvrant sur l'extérieur. Les points se cumulent avec ceux des deux critères précédents.

Légende :
X = critère obligatoire - O = critère optionnel - NA = critère non applicable

	CRITERES DE CLASSEMENT (le cas échéant des précisions sont apportées par critère dans la colonne de droite du tableau)	Statut du critère	Points	1*	2*	3*	4*	5*	Précisions
	Chapitre 1 : Equipements et aménagements								
	1.1. Aménagement général								
	Surfaces de l'habitation								
	Surface minimum d'un logement d'une pièce d'habitation pour une personne			$12m^2$	$14m^2$	$16m^2$	$18m^2$	$24m^2$	
	Surface minimum d'un logement d'une pièce d'habitation pour 2 personnes			$12m^2$	$14m^2$	$18m^2$	$20m^2$	$26m^2$	Tolérance de 10% (uniquement pour les catégories 3*, 4* et 5*)
	Surface moyenne minimum chambre(s) supplémentaire(s)			$7m^2$	$8m^2$	$9m^2$	$10m^2$	$12m^2$	Ne sont comptées comme pièces d'habitation supplémentaires que les pièces d'au moins 7 mètres carrés (uniquement pour les catégories 1*, 2* et 3*). La somme des surfaces des pièces d'habitation respecte la somme des surfaces exigées par catégorie.
	Surface minimum par personne supplémentaire (au-delà des deux premières personnes) par pièce d'habitation			$3m^2$	$3m^2$	$3m^2$	$3m^2$	$3m^2$	Pour les catégories 1*, 2*, 3* et 4* : maximum 2 personnes supplémentaires par pièce d'habitation. Pour la catégorie 5* : maximum 1 personne supplémentaire par pièce d'habitation.
1	Surface habitable (cuisine et coin cuisine compris) du logement meublé hors salle d'eau et toilettes	X	5	X	X	X	X	X	Ne sont prises en compte que les superficies existantes sous une hauteur de plafond de 1,80 mètre. Une pièce d'habitation doit comporter un ouvrant sur l'extérieur.
2	Surface habitable (cuisine et coin cuisine compris) par logement meublé hors salle d'eau et toilettes, majorée de 25%	O	4	O	O	O	O	O	Ne sont prises en compte que les superficies existantes sous une hauteur de plafond de 1,80 mètre. Une pièce d'habitation doit comporter un ouvrant sur l'extérieur. Les points se cumulent avec ceux du critère précédent.
3	Surface habitable (cuisine et coin cuisine compris) par logement meublé hors salle d'eau et toilettes, majorée de 50%	O	4	O	O	O	O	O	Ne sont prises en compte que les superficies existantes sous une hauteur de plafond de 1,80 mètre. Une pièce d'habitation doit comporter un ouvrant sur l'extérieur. Les points se cumulent avec ceux des deux critères précédents.

Légende :
X = critère obligatoire - O = critère optionnel - NA = critère non applicable

	CRITERES DE CLASSEMENT (le cas échéant des précisions sont apportées par critère dans la colonne de droite du tableau)	Statut du critère	Points	1*	2*	3*	4*	5*	Précisions
	Chapitre 1 : Equipements et aménagements								
	1.1. Aménagement général								
	Surfaces de l'habitation								
	Surface minimum d'un logement d'une pièce d'habitation pour une personne			12m²	14m²	16m²	18m²	24m²	
	Surface minimum d'un logement d'une pièce d'habitation pour 2 personnes			12m²	14m²	18m²	20m²	26m²	Tolérance de 10% (uniquement pour les catégories 3*, 4* et 5*)
	Surface moyenne minimum chambre(s) supplémentaire(s)			7m²	8m²	9m²	10m²	12m²	Ne sont comptées comme pièces d'habitation supplémentaires que les pièces d'au moins 7 mètres carrés (uniquement pour les catégories 1*, 2* et 3*). La somme des surfaces des pièces d'habitation respecte la somme des surfaces exigées par catégorie.
	Surface minimum par personne supplémentaire (au-delà des deux premières personnes) par pièce d'habitation			3m²	3m²	3m²	3m²	3m²	Pour les catégories 1*, 2*, 3* et 4* : maximum 2 personnes supplémentaires par pièce d'habitation. Pour la catégorie 5* : maximum 1 personne supplémentaire par pièce d'habitation.
1	Surface habitable (cuisine et coin cuisine compris) du logement meublé hors salle d'eau et toilettes	X	5	X	X	X	X	X	Ne sont prises en compte que les superficies existantes sous une hauteur de plafond de 1,80 mètre. Une pièce d'habitation doit comporter un ouvrant sur l'extérieur.
2	Surface habitable (cuisine et coin cuisine compris) par logement meublé hors salle d'eau et toilettes, majorée de 25%	O	4	O	O	O	O	O	Ne sont prises en compte que les superficies existantes sous une hauteur de plafond de 1,80 mètre. Une pièce d'habitation doit comporter un ouvrant sur l'extérieur. Les points se cumulent avec ceux du critère précédent.
3	Surface habitable (cuisine et coin cuisine compris) par logement meublé hors salle d'eau et toilettes, majorée de 50%	O	4	O	O	O	O	O	Ne sont prises en compte que les superficies existantes sous une hauteur de plafond de 1,80 mètre. Une pièce d'habitation doit comporter un ouvrant sur l'extérieur. Les points se cumulent avec ceux des deux critères précédents.

Légende :
X = critère obligatoire - O = critère optionnel - NA = critère non applicable

	CRITERES DE CLASSEMENT (le cas échéant des précisions sont apportées par critère dans la colonne de droite du tableau)	Statut du critère	Points	1*	2*	3*	4*	5*	Précisions
	Chapitre 1 : Equipements et aménagements								
	1.1. Aménagement général								
	Surfaces de l'habitation								
	Surface minimum d'un logement d'une pièce d'habitation pour une personne			$12m^2$	$14m^2$	$16m^2$	$18m^2$	$24m^2$	
	Surface minimum d'un logement d'une pièce d'habitation pour 2 personnes			$12m^2$	$14m^2$	$18m^2$	$20m^2$	$26m^2$	Tolérance de 10% (uniquement pour les catégories 3*, 4* et 5*)
	Surface moyenne minimum chambre(s) supplémentaire(s)			$7m^2$	$8m^2$	$9m^2$	$10m^2$	$12m^2$	Ne sont comptées comme pièces d'habitation supplémentaires que les pièces d'au moins 7 mètres carrés (uniquement pour les catégories 1*, 2* et 3*). La somme des surfaces des pièces d'habitation respecte la somme des surfaces exigées par catégorie.
	Surface minimum par personne supplémentaire (au-delà des deux premières personnes) par pièce d'habitation			$3m^2$	$3m^2$	$3m^2$	$3m^2$	$3m^2$	Pour les catégories 1*, 2*, 3* et 4* : maximum 2 personnes supplémentaires par pièce d'habitation. Pour la catégorie 5* : maximum 1 personne supplémentaire par pièce d'habitation.
1	Surface habitable (cuisine et coin cuisine compris) du logement meublé hors salle d'eau et toilettes	X	5	X	X	X	X	X	Ne sont prises en compte que les superficies existantes sous une hauteur de plafond de 1,80 mètre. Une pièce d'habitation doit comporter un ouvrant sur l'extérieur.
2	Surface habitable (cuisine et coin cuisine compris) par logement meublé hors salle d'eau et toilettes, majorée de 25%	O	4	O	O	O	O	O	Ne sont prises en compte que les superficies existantes sous une hauteur de plafond de 1,80 mètre. Une pièce d'habitation doit comporter un ouvrant sur l'extérieur. Les points se cumulent avec ceux du critère précédent.
3	Surface habitable (cuisine et coin cuisine compris) par logement meublé hors salle d'eau et toilettes, majorée de 50%	O	4	O	O	O	O	O	Ne sont prises en compte que les superficies existantes sous une hauteur de plafond de 1,80 mètre. Une pièce d'habitation doit comporter un ouvrant sur l'extérieur. Les points se cumulent avec ceux des deux critères précédents.

Légende :
X = critère obligatoire - O = critère optionnel - NA = critère non applicable

	CRITERES DE CLASSEMENT (le cas échéant des précisions sont apportées par critère dans la colonne de droite du tableau)	Statut du critère	Points	1*	2*	3*	4*	5*	Précisions
	Chapitre 1 : Equipements et aménagements								
	1.1. Aménagement général								
	Surfaces de l'habitation								
	Surface minimum d'un logement d'une pièce d'habitation pour une personne			12m²	14m²	16m²	18m²	24m²	
	Surface minimum d'un logement d'une pièce d'habitation pour 2 personnes			12m²	14m²	18m²	20m²	26m²	Tolérance de 10% (uniquement pour les catégories 3*, 4* et 5*)
	Surface moyenne minimum chambre(s) supplémentaire(s)			7m²	8m²	9m²	10m²	12m²	Ne sont comptées comme pièces d'habitation supplémentaires que les pièces d'au moins 7 mètres carrés (uniquement pour les catégories 1*, 2* et 3*). La somme des surfaces des pièces d'habitation respecte la somme des surfaces exigées par catégorie.
	Surface minimum par personne supplémentaire (au-delà des deux premières personnes) par pièce d'habitation			3m²	3m²	3m²	3m²	3m²	Pour les catégories 1*, 2*, 3* et 4* : maximum 2 personnes supplémentaires par pièce d'habitation. Pour la catégorie 5* : maximum 1 personne supplémentaire par pièce d'habitation.
1	Surface habitable (cuisine et coin cuisine compris) du logement meublé hors salle d'eau et toilettes	X	5	X	X	X	X	X	Ne sont prises en compte que les superficies existantes sous une hauteur de plafond de 1,80 mètre. Une pièce d'habitation doit comporter un ouvrant sur l'extérieur.
2	Surface habitable (cuisine et coin cuisine compris) par logement meublé hors salle d'eau et toilettes, majorée de 25%	O	4	O	O	O	O	O	Ne sont prises en compte que les superficies existantes sous une hauteur de plafond de 1,80 mètre. Une pièce d'habitation doit comporter un ouvrant sur l'extérieur. Les points se cumulent avec ceux du critère précédent.
3	Surface habitable (cuisine et coin cuisine compris) par logement meublé hors salle d'eau et toilettes, majorée de 50%	O	4	O	O	O	O	O	Ne sont prises en compte que les superficies existantes sous une hauteur de plafond de 1,80 mètre. Une pièce d'habitation doit comporter un ouvrant sur l'extérieur. Les points se cumulent avec ceux des deux critères précédents.

Légende :

X = critère obligatoire - O = critère optionnel - NA = critère non applicable

	CRITERES DE CLASSEMENT (le cas échéant des précisions sont apportées par critère dans la colonne de droite du tableau)	Statut du critère	Points	1*	2*	3*	4*	5*	Précisions
	Chapitre 1 : Equipements et aménagements								
	1.1. Aménagement général								
	Surfaces de l'habitation								
	Surface minimum d'un logement d'une pièce d'habitation pour une personne			12m²	14m²	16m²	18m²	24m²	
	Surface minimum d'un logement d'une pièce d'habitation pour 2 personnes			12m²	14m²	18m²	20m²	26m²	Tolérance de 10% (uniquement pour les catégories 3*, 4* et 5*)
	Surface moyenne minimum chambre(s) supplémentaire(s)			7m²	8m²	9m²	10m²	12m²	Ne sont comptées comme pièces d'habitation supplémentaires que les pièces d'au moins 7 mètres carrés (uniquement pour les catégories 1*, 2* et 3*). La somme des surfaces des pièces d'habitation respecte la somme des surfaces exigées par catégorie.
	Surface minimum par personne supplémentaire (au-delà des deux premières personnes) par pièce d'habitation			3m²	3m²	3m²	3m²	3m²	Pour les catégories 1*, 2*, 3* et 4* : maximum 2 personnes supplémentaires par pièce d'habitation. Pour la catégorie 5* : maximum 1 personne supplémentaire par pièce d'habitation.
1	Surface habitable (cuisine et coin cuisine compris) du logement meublé hors salle d'eau et toilettes	X	5	X	X	X	X	X	Ne sont prises en compte que les superficies existantes sous une hauteur de plafond de 1,80 mètre. Une pièce d'habitation doit comporter un ouvrant sur l'extérieur.
2	Surface habitable (cuisine et coin cuisine compris) par logement meublé hors salle d'eau et toilettes, majorée de 25%	O	4	O	O	O	O	O	Ne sont prises en compte que les superficies existantes sous une hauteur de plafond de 1,80 mètre. Une pièce d'habitation doit comporter un ouvrant sur l'extérieur. Les points se cumulent avec ceux du critère précédent.
3	Surface habitable (cuisine et coin cuisine compris) par logement meublé hors salle d'eau et toilettes, majorée de 50%	O	4	O	O	O	O	O	Ne sont prises en compte que les superficies existantes sous une hauteur de plafond de 1,80 mètre. Une pièce d'habitation doit comporter un ouvrant sur l'extérieur. Les points se cumulent avec ceux des deux critères précédents.

Légende :

X = critère obligatoire - O = critère optionnel - NA = critère non applicable

	CRITERES DE CLASSEMENT (le cas échéant des précisions sont apportées par critère dans la colonne de droite du tableau)	Statut du critère	Points	1*	2*	3*	4*	5*	Précisions
	Chapitre 1 : Equipements et aménagements								
	1.1. Aménagement général								
	Surfaces de l'habitation								
	Surface minimum d'un logement d'une pièce d'habitation pour une personne			12m²	14m²	16m²	18m²	24m²	
	Surface minimum d'un logement d'une pièce d'habitation pour 2 personnes			12m²	14m²	18m²	20m²	26m²	Tolérance de 10% (uniquement pour les catégories 3*, 4* et 5*)
	Surface moyenne minimum chambre(s) supplémentaire(s)			7m²	8m²	9m²	10m²	12m²	Ne sont comptées comme pièces d'habitation supplémentaires que les pièces d'au moins 7 mètres carrés (uniquement pour les catégories 1*, 2* et 3*). La somme des surfaces des pièces d'habitation respecte la somme des surfaces exigées par catégorie.
	Surface minimum par personne supplémentaire (au-delà des deux premières personnes) par pièce d'habitation			3m²	3m²	3m²	3m²	3m²	Pour les catégories 1*, 2*, 3* et 4* : maximum 2 personnes supplémentaires par pièce d'habitation. Pour la catégorie 5* : maximum 1 personne supplémentaire par pièce d'habitation.
1	Surface habitable (cuisine et coin cuisine compris) du logement meublé hors salle d'eau et toilettes	X	5	X	X	X	X	X	Ne sont prises en compte que les superficies existantes sous une hauteur de plafond de 1,80 mètre. Une pièce d'habitation doit comporter un ouvrant sur l'extérieur.
2	Surface habitable (cuisine et coin cuisine compris) par logement meublé hors salle d'eau et toilettes, majorée de 25%	O	4	O	O	O	O	O	Ne sont prises en compte que les superficies existantes sous une hauteur de plafond de 1,80 mètre. Une pièce d'habitation doit comporter un ouvrant sur l'extérieur. Les points se cumulent avec ceux du critère précédent.
3	Surface habitable (cuisine et coin cuisine compris) par logement meublé hors salle d'eau et toilettes, majorée de 50%	O	4	O	O	O	O	O	Ne sont prises en compte que les superficies existantes sous une hauteur de plafond de 1,80 mètre. Une pièce d'habitation doit comporter un ouvrant sur l'extérieur. Les points se cumulent avec ceux des deux critères précédents.

Légende :
X = critère obligatoire - O = critère optionnel - NA = critère non applicable

	CRITERES DE CLASSEMENT (le cas échéant des précisions sont apportées par critère dans la colonne de droite du tableau)	Statut du critère	Points	1*	2*	3*	4*	5*	Précisions
	Chapitre 1 : Equipements et aménagements								
	1.1. Aménagement général								
	Surfaces de l'habitation								
	Surface minimum d'un logement d'une pièce d'habitation pour une personne			$12m^2$	$14m^2$	$16m^2$	$18m^2$	$24m^2$	
	Surface minimum d'un logement d'une pièce d'habitation pour 2 personnes			$12m^2$	$14m^2$	$18m^2$	$20m^2$	$26m^2$	Tolérance de 10% (uniquement pour les catégories 3*, 4* et 5*)
	Surface moyenne minimum chambre(s) supplémentaire(s)			$7m^2$	$8m^2$	$9m^2$	$10m^2$	$12m^2$	Ne sont comptées comme pièces d'habitation supplémentaires que les pièces d'au moins 7 mètres carrés (uniquement pour les catégories 1*, 2* et 3*). La somme des surfaces des pièces d'habitation respecte la somme des surfaces exigées par catégorie.
	Surface minimum par personne supplémentaire (au-delà des deux premières personnes) par pièce d'habitation			$3m^2$	$3m^2$	$3m^2$	$3m^2$	$3m^2$	Pour les catégories 1*, 2*, 3* et 4* : maximum 2 personnes supplémentaires par pièce d'habitation. Pour la catégorie 5* : maximum 1 personne supplémentaire par pièce d'habitation.
1	Surface habitable (cuisine et coin cuisine compris) du logement meublé hors salle d'eau et toilettes	X	5	X	X	X	X	X	Ne sont prises en compte que les superficies existantes sous une hauteur de plafond de 1,80 mètre. Une pièce d'habitation doit comporter un ouvrant sur l'extérieur.
2	Surface habitable (cuisine et coin cuisine compris) par logement meublé hors salle d'eau et toilettes, majorée de 25%	O	4	O	O	O	O	O	Ne sont prises en compte que les superficies existantes sous une hauteur de plafond de 1,80 mètre. Une pièce d'habitation doit comporter un ouvrant sur l'extérieur. Les points se cumulent avec ceux du critère précédent.
3	Surface habitable (cuisine et coin cuisine compris) par logement meublé hors salle d'eau et toilettes, majorée de 50%	O	4	O	O	O	O	O	Ne sont prises en compte que les superficies existantes sous une hauteur de plafond de 1,80 mètre. Une pièce d'habitation doit comporter un ouvrant sur l'extérieur. Les points se cumulent avec ceux des deux critères précédents.